월 매출 2억
# 서린낙지
# 영업비밀

70년 전통
서린낙지의 탄생과
새로운 도전

월 매출 2억
# 서린낙지 영업비밀

박범준 지음

## 서문

　　서린낙지는 1950년대에 문을 연 이후로 세대를 이어 온 전통과 정성을 자랑하는 노포 맛집입니다. 70년이 넘는 시간 동안 한결같은 맛을 유지하며, 고객들에게 따뜻한 정성과 신뢰를 전달해 온 서린낙지는 단순히 음식을 제공하는 공간을 넘어, 세대와 세대를 연결하는 중요한 의미를 지니고 있습니다. 저에게 있어 서린낙지를 이어받는 것은 단순히 매장을 운영하는 것 이상의 책임을 의미합니다. 이는 서린낙지가 쌓아 온 오랜 전통과 가치를 지켜 나가면서도, 변화하는 시대와 신규고객층에 부응해야 하는 도전이었습니다.

저는 서린낙지의 세 번째 이야기를 시작하며, 전통을 지키는 것과 혁신을 이루는 것 사이에서 많은 고민을 하게 되었습니다. 가업을 이어받기 전부터 이 매장에서 자라온 저는, 할머니에 이어 부모님이 보여 주신 헌신과 열정을 가까이에서 보며 자랐고, 서린낙지가 단순한 외식업체가 아닌 가족의 자부심이자 지역 사회와의 깊은 유대를 형성한 공간이라는 것을 항상 느껴왔습니다. 서린낙지를 이어받게 된 것은 저에게 큰 영광이었지만, 동시에 큰 책임이 따랐습니다. 그 책임을 다하기 위해서는 부모님이 운영하시던 방식을 존중하면서도, 현대적 감각과 새로운 시도를 더해야 한다는 것을 알았습니다.

저는 처음부터 가업을 잇겠다고 결심한 것은 아니었습니다. 사실 막내인 저에게 경영권이 주어질 거라고는 생각하지 않았습니다. 형과 누나가 있었고, 자연스레 가업을 잇는 일은 다른 사람의 몫일 것이라 생각했습니다. 그러나 시간이 지나며 저의 열정과 경영에 대한 비전을 가족들이 인정해 주었고, 저 역시 서린낙지를 어떻게 더 발전시킬 수 있을지 구체적인 계획을 세우게 되었습니다. 이 과정에서 저는 부모님이 쌓아 온 오랜 역사와 전통을 더욱 견고하게 지키면서도, 새로운 세대와의 소통을 통해 더 큰 성장을 이룰 수 있다고 확신하게 되었습니다.

저는 어려서부터 서린낙지에서 자라 왔고, 자연스럽게 외식업의 매력과 어려움을 직접 경험했습니다. 부모님이 매일같이 매장에서 보여 주신 정성과 고객에 대한 사랑을 지켜보며, 저 역시 그 길을 걷기로 결심하게 되었습니다. 특히 고객의 기대를 충족시키기 위한 끊임없는 노력과 변화에 대한 대응이 서린낙지가 오랫동안 사랑받아 온 비결이라는 것을 알게 되었습니다.

저는 외식업계에서 일하며 변화하는 트렌드와 고객의 니즈를 깊이 파악하게 되었고, 이 경험을 바탕으로 서린낙지의 전통을 더욱 빛낼 수 있는 자신감을 얻게 되었습니다. 부모님 세대가 이루어낸 기본 철학을 유지하면서도, 현대적 경영 방식을 도입해 새로운 시각에서 서린낙지를 성장시키는 것이 저의 목표였습니다. 이러한 결심을 가족들이 인정해 주었고, 저는 책임감과 비전을 가지고 서린낙지의 미래를 향해 나아가기 시작했습니다.

제가 서린낙지를 처음 맡았을 때, 가장 큰 도전 중 하나는 전통과 현대의 조화를 이루는 것이었습니다. 오랜 시간 동안 한결같은 맛과 서비스를 제공해온 서린낙지를 이어받으면서, 기존 고객들의 기대에 부응하는 동시에 신규고객층을 유치하는 것이 큰 과제였습니다. 특히, 전통을 지키는 데에 대한 염려가 많았고, 저의 경영 방식이 서린낙지의 맛과 철학을 해치지 않을까 하는 걱정도 있었습니다.

또한, 부모님 세대가 운영하던 방식과 저만의 방식을 결합하는 과정에서 내부적인 갈등도 발생했습니다. 그 과정에서 부모님이 걸어온 길을 존중하면서도, 저만의 방식으로 서린낙지를 더욱 발전시키기 위한 방향을 찾는 것이 중요했습니다. 다행히도, 저는 부모님으로부터 경영의 자유를 보장받았고, 그 안에서 고객의 피드백을 반영하며 조금씩 저만의 색깔을 더할 수 있었습니다.

특히, 26억 원의 대출로 인해 재정적인 부담이 컸던 시기에는 생존을 위한 끊임없는 노력이 필요했습니다. 매출 압박과 매장 운영의 어려움 속에서도 포기하지 않고 고객과의 소통과 서비스 개선을 통해 점차 위기를 극복할 수 있었습니다. 이러한 과정을 통해 저는 서린낙지가 가진 강점을 더욱 확고히 이해하게 되었고, 이를 기반으로 새로운 도전을 시작할 수 있었습니다.

서린낙지는 이제 단순한 지역 맛집을 넘어, 더 큰 비전을 가지고 나아가고 있습니다. 저희는 전통을 지키면서도, 끊임없이 새로운 시도를 통해 변화하는 시장에 적응하고 있습니다. 특히, 서린낙지의 고유한 맛을 유지하면서도, 젊은 세대와의 소통을 강화하기 위해 매장의 인테리어와 서비스 방식에 변화를 주었습니다. 이러한 변화는 서린낙지가 오랜 전통을 유지하면서도 현대적인 감각을 잃지 않는 중요한 요소로 작용했습니다.

저희는 전통을 유지하면서도 현대적인 편리함을 제공하는 다양한 방식을 도입해, 서린낙지를 찾는 고객들이 과거의 추억을 되새기며, 동시에 새로운 경험을 할 수 있도록 했습니다. 서린낙지의 역사와 철학은 고객들에게 단순히 음식을 제공하는 것을 넘어, 정서적 연결을 만들어 주는 중요한 역할을 하고 있습니다.

앞으로 저희는 지속 가능한 성장을 목표로, 더 많은 고객들과 공감하고 소통하며, 국내외 시장에서 브랜드 가치를 확장할 계획입니다. 서린낙지의 맛과 가치는 국경을 넘어서도 세대를 아우르며 고객들에게 감동과 특별한 경험을 제공할 수 있을 것입니다. 저희는 전통과 혁신을 조화롭게 결합하여, 서린낙지가 전 세계의 고객들에게 사랑받는 브랜드로 자리매김할 수 있도록 끊임없이 노력할 것입니다.

　서린낙지의 새로운 이야기는 지금부터 시작입니다. 고객과의 깊은 유대, 전통을 지키면서도 변화하는 시대에 맞춘 유연한 경영 방식, 그리고 글로벌 확장을 향한 도전이 저희의 성장 비전입니다. 이 책을 통해 서린낙지의 과거와 현재, 그리고 미래를 함께 나누며, 오랜 전통을 현대적으로 재해석하고 새로운 길을 모색하는 서린낙지의 다음 세대 이야기를 소개하고자 합니다. 서린낙지의 여정은 계속될 것이며, 더 많은 사람들이 그 이야기 속에서 함께하기를 기대합니다.

박범준

## 목차

서문 · 4

### Chapter 1 서린낙지의 역사
1. 서린낙지의 탄생 배경: 가족의 역사와 도전의 시작 · 14
2. 성공의 여정과 주요 전환점: 위기를 기회로 바꾸다 · 26

### Chapter 2 한 달에 2억 매출을 만드는 맛집의 성공 비법
1. 매출 상승의 비결: 맛의 철학과 재료에 대한 고집 · 50
2. 고객 만족을 위한 서비스 전략: 정성과 소통의 힘 · 54
3. 입소문과 충성 고객의 중요성:
   신뢰를 바탕으로 한 성장 · 61
4. 직원과의 유대관계 · 65
5. 매장관리 · 67

### Chapter 3 식당 창업 A to Z: 기획에서 운영까지
1. 메뉴 개발: 메뉴의 선택과 집중 · 70
2. 고객 분석: 타겟 고객의 이해와 맞춤형 서비스 · 75
3. 상권 분석: 성공적인 입지 선택의 비밀 · 81
4. 인테리어: 음식의 맛을 더욱 돋보이게 하는 공간 · 86

**Chapter 4** 식당 창업 마케팅: 성공적인 첫걸음

   1. 초기 마케팅 전략: 브랜드 인지도 높이기　・ 92

   2. 이벤트와 프로모션: 고객 유치와 유지　・ 102

   3. 네트워킹과 지역사회 참여의 중요성　・ 108

**Chapter 5** 온라인 마케팅: 디지털 시대의 필수 전략

   1. SNS 활용법: 인스타그램과 페이스북 마케팅　・ 116

   2. 온라인 리뷰 관리: 평판 관리와 고객 소통　・ 124

**Chapter 6** 밀키트 만드는 방법: 집에서도 맛보는 서린낙지

   1. 밀키트 개발 과정: 품질 유지와 간편함의 조화　・ 134

   2. 생산과 유통: 효율적인 공급망 구축　・ 142

   3. 고객 피드백을 반영한 지속적 개선　・ 148

**Chapter 7** 노포 맛집의 브랜딩: 전통을 지키며 성장하기

   1. 브랜드 스토리텔링: 감성적 연결과 고객 로열티　・ 162

   2. 전통의 현대적 재해석: 젊은 세대와 소통하기　・ 170

   3. 서린낙지의 미래 비전:
      글로벌 확장과 지속 가능한 성장　・ 176


맺는 말　・ 182

# Chapter 1

# 서린낙지의 역사

# 1.

## 서린낙지의 탄생 배경:
## 가족의 역사와 도전의 시작

　서린낙지의 역사는 단순히 한 식당의 성공 이야기가 아닙니다. 이는 전쟁과 피난, 그리고 그 속에서 음식을 만드는 직업에 대한 철학을 지켜 나가며 새로운 도전을 이어 온 우리 가족의 이야기입니다. 서린낙지의 시작은 제 조부모님이 계셨던 개성에서부터 시작됩니다.

### 전쟁 속 피난길: 개성에서 인천으로

　1950년 6월 25일, 6.25 전쟁이 발발하면서 제 조부모님은 개성에서의 삶을 뒤로하고 남쪽으로 피난길에 올랐습니다. 모든 피난민들이 설움을 겪듯이 저의 조부모님도 막내아들을 피난길에 잃는 아픔속에서도 인천으로 발길을 옮겨야만 했습니다. 당시 개성에서 인천으로의 피난은 많은 피난민에게 새로운 시작의 터전이었지만, 동시에 큰 도전이기도 했습니다. 인천은 피난민이 몰려들며 혼란스러운 상황이었고 우리 가족은 생계를 위해 할 수 있는 모든 방법을 찾아야 했습니다.

인천에 도착한 후 조부모님은 처음에는 다양한 일을 시도하며 가족을 부양하려 했지만, 결국 음식에 대한 열정과 재능을 살리기로 결심하셨습니다. 인천은 해산물 요리가 발달한 지역이었지만 피난민들이 많아 식재료의 수급이 어려웠고 경제 상황도 좋지 않아 생계를 꾸려 나가기 쉽지 않았습니다. 새벽마다 신선한 재료를 구하기 위해 시장을 다녀야 했고, 제대로 된 재료를 얻지 못하는 경우도 허다했습니다. 그럼에도 불구하고 조부모님은 포기하지 않았습니다. 그들의 열정과 노력은 점차 고객들에게 알려지기 시작했고, 운영하던 작은 실비집은 서민들이 모여들어 이야기를 나누고 음식을 즐기는 사랑방 같은 공간이 되어 갔습니다. 전쟁과 피난으로 삶의 터전을 잃고 고단한 일상의 힘겨웠던 인생의 작은 쉼터가 되어 갔습니다.

### 부산에서의 새로운 도전과 조방낙지의 탄생

인천에서 운영하던 실비집은 좋은 경험이 되었으며 조부모님은 해산물 요리에 대한 가능성을 발견하고 부산으로 향하게 됩니다. 부산은 6.25 전쟁 당시 피난민들의 중심지로서 많은 사람들이 모여들던 곳이었습니다. 부산은 전통적으로 해산물 요리가 발달한 지역이었고, 이곳에서 조부모님은 '조방낙지'라는 새로운 요리를 접하게 되었습니다.

조방낙지란, '조선방직 낙지 볶음'의 줄임말로, 부산에서 유래된 매콤하면서도 진한 맛의 낙지 요리입니다. 이 요리는 특히 신선한 낙지를 사용하여 매콤한 양념으로 볶아 내는 것이 특징으로, 낙지 특유의 쫄깃한 식감과 매운 양념의 조화가 돋보입니다. 조부모님은 이 요리의 깊이 있는 맛과 독특한 풍미에 큰 감명을 받았습니다. 조방낙지는 단순히 매운맛이 아니라 각종 채소와 양념을 조화롭게 사용해 깊은 맛을 내며, 낙지의 신선함을 최대한 살리는 조리법을 따랐습니다.

당시 조방낙지는 부산의 '조방' 지역, 즉 조선방직공장 근처에서 유래한 요리로 알려져 있습니다. 조선방직공장은 일제강

점기부터 부산의 대표적인 산업지구로 많은 사람들이 모여들던 곳이었고, 그 지역의 공장 노동자들이 즐기던 저렴하고 든든한 한 끼 식사로서 '조방낙지'가 발전했습니다. 저렴한 가격과 특유의 매콤한 맛으로 큰 인기를 끌었고, 이는 피난민들이 부산으로 몰려들면서 더 널리 퍼지게 되었습니다. 낙지의 쫄깃한 식감과 매운 양념의 매력이 한데 어우러져 많은 사람들의 사랑을 받았던 것입니다.

조부모님들이 기억하는 부산 시절은 지금의 서린낙지의 기틀을 마련한 곳으로 타향살이에 대한 서러움을 가족같이 고객을 대하면서 마음을 나누던 시절이라고 회고하셨습니다. 조방낙지 스타일의 낙지 볶음은 현재 서린낙지와는 거리가 있지만 초창기 서린낙지 스타일을 완성했던 방식이 됩니다. 그렇게 부산 시절은 서린낙지의 기틀을 마련할 수 있었고 메뉴의 완성도를 높여 갈 수 있었다고 합니다.

### 서울로의 이동과 서린낙지의 시작

부산에서 조방낙지의 요리법을 익힌 후, 조부모님은 서울로 올라가기로 결심하셨습니다. 서울은 당시 전쟁의 아픔을 딛고 새로운 시장이 형성되고 있는 도시였습니다. 조부모님은 서울 서린동에 자리를 잡고 "서린 실비집"이라는 이름의 작은 식당을 열었습니다. 그 당시 서린동은 지금의 광교정도의 위치였습니다. 현재의 영풍문고 근처에 서린 실비집은 자리를 잡게 되었습니다.

서린 실비집에서는 부산에서 배운 조방낙지를 메뉴를 포함해서 서른가지가 넘는, 없는 게 없는 식당이었습니다. 서울에서는 생소했던 이 매운 낙지 볶음은 점차 서울 시민들의 입맛을 사로잡기 시작했습니다. 당시 서린 실비집의 주 고객층은 근처에 위치한 언론사를 비롯해 직장인들이 즐겨 찾는 곳이었습니다. 특히 언론사직원들에게는 매일 찾는 단골로 모든 직원들이 퇴근 후에 모이는 명소이자 추억의 장소가 되었다고 합니다. 매일 기사마감이 끝난 직원들은 빠르고 든든한 한 끼를 해결하는 곳이었고, 서린 실비집의 낙지 볶음은 스트레스를 풀고자 하는 그들의 요구에 완벽히 부합했습니다. 이들은 지친 하루일과를 마치고 함께 삶의 애환을 나누던 마지막 술자리가 되어 주기도 한 서린 실비집을 아직도 기억하며 팔순의 나이에 서린낙지를 찾곤 합니다.

조부모님은 매일 새벽 직접 시장에 나가 신선한 낙지를 고르고, 정성껏 손질하여 부산에서 배운 방식대로 조리했습니다. 낙지의 신선함을 최대한 유지하기 위해 빠른 시간 내에 요리를 완성하고, 양념이 골고루 베이도록 볶아 내는 방법을 고수했습니다. 서린 실비집에서의 조방낙지는 매콤한 양념 속에 숨겨진 낙지의 쫄깃한 식감이 특징이었고, 이는 많은 고객들에게 깊은 인상을 남겼습니다. 그리고 아버지가 대를 이어받기 전까지 서린 실비집은 낙지 볶음 이외 다양한 음식을 제공하는 형태를 이어 갔습니다. 이후 아버지가 서린 실비집을 이어받고 메뉴를 줄이고 낙지 볶음전문점의 형태를 만들어가면서 상호를 서린낙지로 변경하게 되었습니다. 아버지가 운영하면서 서린낙지는 연예인 맛집으로 당대 최고 스타였던 '이종환, 조영남 등' 통기타 가수들의 집결지였고 가장 핫한 브랜드였다고 합니다.

아버지는 장사가 잘될수록 더 많은 고민을 했다고 합니다. 자식들의 졸업과 입학식에 단 한 번도 참석해 본적이 없을 정도로 그의 인생은 바로 서린낙지가 다였다고 이야기를 합니다. 고객들에게 좋은 재료로 최상의 음식을 제공하고 시대에 맞게 메뉴는 지속적으로 변화해야한다는 위기감을 늘 가지고 운영을 하게 됩니다. 그래서 만들어진 메뉴가 지금의 '베이컨소시지와 낙지 볶음'이었습니다. 전쟁 이후 미군부대에서 나오는 햄, 소시지등을 이용한 요리들이 만들어지게 되었습니다. 대표적으로 지금 남영동 '은성집'같은 스타일로 스테이크에 소시지와 햄을 구워 주는 메뉴가 선풍적인 인기를 끌게 되었습니다. 그래서 아버지도 매운 낙지 볶음과 베이컨소시지를 함께 먹는 형태의 메뉴를 만들게 되었습니다. 이후 아버지가 생각한 메뉴는 기존보다 엄청난 인기를 끌게 되었고, 지금의 서린낙지스타일의 메뉴가 완성되었습니다.

### 아버지의 철학: 위생과 인테리어에 대한 고집

아버지는 서린낙지를 운영하며 위생과 인테리어에 남다른 열정을 쏟으셨습니다. 아버지께서 늘 강조하셨던 것은 "고객이 매장에 들어서는 순간부터 그들이 편안하고 깨끗한 환경을 느껴야 한다."는 것이었습니다. 그래서 매장의 청결을 유지하는 것뿐만 아니라, 아버지는 일 년에 두 번씩 매장의 도배를 새로 하시는 것을 철칙으로 삼으셨습니다.

도배 작업은 단순히 벽지를 바꾸는 것 이상이었습니다. 아버지는 도배를 할 때마다 매장의 분위기를 새롭게 하고자 노력하

셨습니다. 벽지의 색상과 패턴 하나하나가 고객들에게 주는 인상을 고려하여 선택하셨고, 도배 후에는 항상 새로워진 매장이 고객들에게 신선한 느낌을 주도록 공간을 재배치했습니다. 이러한 작은 변화들이 모여 고객들에게는 매번 새롭고 친근한 분위기를 제공할 수 있었던 것입니다.

또한, 아버지는 도배와 인테리어 변경 작업이 단순한 미적인 요소에 그치는 것이 아니라, 매장의 전반적인 위생 상태를 점검하는 기회로 활용하셨습니다. 도배를 하면서 벽지뿐만 아니라 천장과 바닥, 주방의 구석구석까지 철저히 청소하고 정리하는 것을 원칙으로 삼으셨습니다. 주방의 기름때나 먼지 하나까지도 꼼꼼하게 제거하며, 매장의 위생 상태를 최상으로 유지하려는 아버지의 노력이 엿보였습니다.

매년 두 번의 도배는 단순한 비용이 아니라, 고객에게 최고의 환경을 제공하려는 아버지의 마음이 담긴 하나의 투자였습니다. 그 결과, 서린낙지는 항상 신선하고 깨끗한 이미지로 고객들의 사랑을 받을 수 있었습니다.

이러한 철저함은 고객들의 신뢰를 얻는 데 큰 도움이 되었습니다. 아버지는 "청결이 곧 신뢰다"라고 말씀하시며, 매장의 위생 상태에 대해 누구보다도 예민하게 반응하셨습니다. 고객들이 매장에 들어와 "항상 깨끗해서 좋다"라는 말을 할 때마다 아버지는 작은 미소를 지으며, 도배와 청결 유지에 대한 자신의 노력이 결코 헛되지 않았음을 확신하셨습니다.

대학생 시절 항상 두 번의 도배에 강제 동원되었던 나는 아버지의 마음을 알 수 없었고 이렇게 안 해도 장사가 잘될 텐데 우리 아버지는 쓸데없는 데까지 완벽주의라는 불만을 가지면서 아버지를 이해할 수 없었습니다. 하지만 3대째 서린낙지를 이어 오고 있는 나는 아버지와 같은 길을 걷고 있는 사람이 되었습니다. 장사에서 성공한다는 것은 고객이 보지 않는 곳까지 철저하게 준비하고 관리해야 한다는 것을 이제는 이해할 수 있는 나이가 되었습니다.

이와 같은 아버지의 철학 덕분에 서린낙지는 항상 깨끗하고 정돈된 분위기를 유지할 수 있었으며, 이는 고객들에게 신뢰와 안심을 주는 요소로 작용했습니다. 고객들은 서린낙지에 와서 단순히 맛있는 음식을 먹는 것뿐만 아니라, 편안하고 청결한 공간에서 시간을 보낸다는 느낌을 받았습니다. 아버지의 이러한 작은 노력들이 모여 서린낙지의 큰 성공을 이루는 밑바탕이 되었던 것입니다.

# 2.

## 성공의 여정과 주요 전환점:
## 위기를 기회로 바꾸다

**서린낙지 시작**

1992년 청계천 재개발로 인해 갑작스럽게 가게를 정리하게 되었습니다. 아버지는 큰 낙심을 하시고 다시 서린낙지를 오픈할 수 있을까 하시며 잠시 시간을 보내는 사이, 바로 옆에 재개발이 이루어지지 않은 가게가 도덕적이지 못하게 저희 상호로 이름을 바꾸어 낙지볶음집을 시작하면서 아버지는 상호권공방으로 소송까지 가게 되었습니다.

다행히 상대방이 "무교낙지"로 상호를 바꾸면서 소송은 일단

락 되었지만 아버지는 이루 말할 수 없는 정신적 고통이 있었으리라 짐작이 됩니다.

그리하여 현재 디타워 코너쪽 1층에 크지 않은 매장을 인수하여 다시 시작하였지만 6개월이라는 공백에 지금처럼 인터넷이 발전하지 않았던 그 시절 홍보수단은 전단지나 사은품 정도였기에 효과는 미비하였습니다.

그래도 워낙 아버지의 열정과 노력이 대단해서 다시 손님을 불러들였고 예전처럼 매장은 활기를 띠기 시작하였습니다.

대학 졸업 후 취업을 하여 직장에서 여러 가지 경험을 쌓고 있는 있는 중이었고 결혼 준비도 하던 나에게 어머님께서 암이 발병하셨다는 청천벽력같은 소식이 들려왔습니다. 어머님은 수술과 항암치료를 거부하시며 매장에 출근하시는 와중에 우리 가족은 또 하나의 슬픈 소식을 접하게 되었습니다.

여느 때와 다름없이 나는 퇴근시간에 맞추어 부모님을 모시러 가게로 향했는데 아버지께서 식사를 하시고 돌아오시면서 그만 계단에서 넘어지시고 말았습니다. 황급히 병원으로 향했고 별

다른 이상이 없다며 바로 퇴원을 하셨지만 다음날 일어나시질 못하시고 정상인으로서의 활동이 불가능하다는 뇌출혈 진단을 받게 되었습니다.

그리하여 나는 생각보다 빨리 회사생활을 접고 서린낙지에 발을 들여놓게 되었습니다. 20여 년 동안 부모님이 지켜 오시던 서린낙지를 갑작스럽게 저 혼자 꾸려 나가는 게 결코 쉬운 일은 아니었습니다. 부모님의 자리에 제가 있게 되면서 손님들의 의문이 쏟아졌고 질타를 하며 동요를 하기 시작하였습니다. 대학교 때 하던 아르바이트하고는 차원이 달랐기에 매일매일 살얼음 위를 걷던 기억이 아직도 생생합니다.

맛과 서비스가 바뀐 게 없고 단지 계산하는 사람 하나 바뀌었을 뿐인데 왜 이럴까 하는 많은 생각이 들었지만, 이것이 아버지가 가게를 매일 지켜 온 가장 큰 이유라는 걸 깨닫게 되었고 그 이후로도 지금까지 특별한 일 이외에는 가게를 비우는 일이 없게 된 밑거름이었습니다.

하지만 병원에서 쪽잠을 자고 아침에 죽이라도 먹고 출근하시라던 어머님을 뒤로한 채 일하던 오후에 비보가 들려왔습니다. 2년여의 투병 끝에 명을 달리하신 어머님의 임종도 못 보았지만, 그것도 잠시 직원들에게 가게 정리 및 다음날 영업준비에 만전을 다하라는 부탁을 전하고 병원으로 달려갔습니다.

 장례를 마친 오후 여느 때와 다름없이 출근하면서 정신이 몽롱하였지만, 손님들에게 이러한 모습을 절대로 보여서는 안 된다고 다짐하며 하루를 마무리하였습니다. 다음날도 똑같은 일상으로 출근해야만 했기에 다시 마음을 다잡고 매장에서 뛰기 시작하였습니다.

## 재개발로 인한 매장 이전: 새로운 시작을 향한 도전

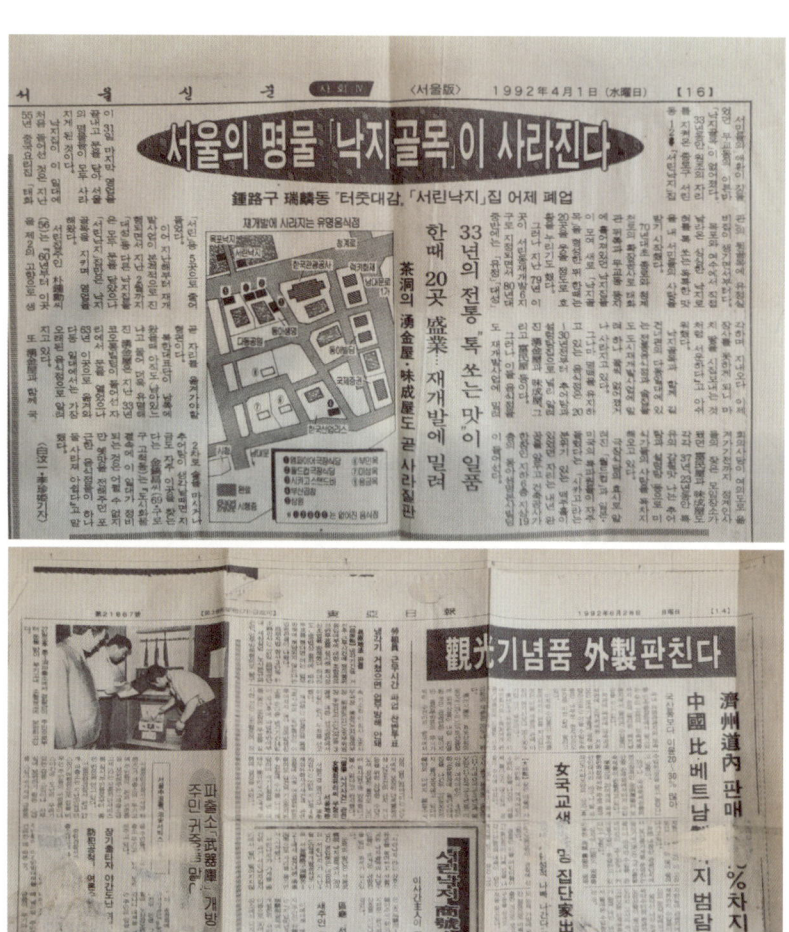

선대에서도 많은 재개발로 인하여 주위의 매장과 상호 소유권 공방을 하였지만, 서린낙지의 역사에서 가장 큰 전환점 중 하나는 2000년도 후반, 피맛골 지역의 재개발로 인한 매장 이전이었습니다. 당시, 서울의 중심부인 피맛골은 재개발 계획에 따라 많은 건물들이 철거되고 새로운 건축물들이 들어섰습니다. 우리의 터전이었던 서린낙지도 그 대상에 포함되었고, 우리는 불가피하게 매장을 옮겨야 했습니다.

피맛골이란 조선시대 말을 타고 배복(拜伏: 절하여 엎드림)을 요구하며 종로를 행차하는 양반들을 피하기 위해 서민들이 사용하던 길입니다. 여기에서 "말을 피하는 길"이라는(避: 피할 피 + 馬: 말 마 + 골)이라는 지명을 얻게 되고, 이 피맛골은 백성을 배려하는 차원에서 만들어졌다고 합니다. 자연스레, 서민을 위한 음식점들이 주를 이루었던 이 곳이 재개발되면서 많은 논란이 있었지만 그대로 추진하게 되었습니다.

재개발로 인해 매장을 이전해야 한다는 소식이 들려왔을 때 저는 마치 모든 것이 무너지는 것 같은 기분이 들었습니다. 오랜 시간 동안 우리는 이곳에서 지역 주민들과 함께 호흡하며 매장을 키워 왔고, 점점 더 많은 고객들이 우리 매장을 사랑해 주기 시작한 시점이었기 때문입니다. 이곳은 단순히 장사를 하는 장소가 아니라, 우리 가족의 역사와 이야기가 담긴 소중한 공간이었기에 매장을 떠나야 한다는 생각은 두려움과 걱정을 안겨주었습니다. 특히, 많은 단골들과의 관계를 잃어버릴지도 모른다는 생각에 더 큰 부담감을 느꼈습니다.

2008년 12월 31일, 저는 결국 매장을 폐업해야 했고, 그동안 함께해 온 직원들에게 13일 동안의 유급휴가를 주었습니다. 하지만 그 기간 동안에도 저는 마음이 편치 않았습니다. '정말 이대로 끝나는 걸까?'하는 불안감이 끊이지 않았습니다. 직원들도 각자 가족이 있었고, 그들에게 이 일자리는 생계의 전부였기 때문에 더욱 마음이 무거웠습니다. 그러나 저는 포기하지 않기로 마음먹었습니다. 저의 결단력과 직원들의 헌신 덕분에 우리는 이 상황을 새로운 기회로 삼아야 한다고 생각하게 되었습니다.

아버지께서는 **"우리가 이곳을 떠나더라도 서린낙지의 정신과 맛은 어디든 살아남을 것이다."** 라고 하시며 우리에게 용기를 북돋아 주셨습니다. 아버지의 긍정적인 자세와 확고한 의지는 우리 모두에게 큰 힘이 되었습니다.

새로운 매장을 위한 장소를 찾는 과정은 결코 쉽지 않았습니다. 서린동 인근에서 합리적인 가격으로 매장을 얻을 수 있는 곳을 찾는 데만 몇 달이 걸렸고, 중간에 여러 번 계약이 무산되기도 했습니다. 하지만 당시 자금의 한계가 있던 저는 많은 리스크를 안고서라도 계약을 해야만 했기에 새로운 매장을 찾는 데 꽤 많은 시간이 걸렸습니다. 그리고 현재의 위치를 결정하기까지 우여곡절이 많았습니다.

처음에 1층매장을 계약하고 싶어서 몇 개의 매장과 계약을 시도했지만 이미 1층은 입점이 불가한 상태였습니다. 그래서 부득불 2층의 매장을 계약하게 되었는데 원하는 자리와 평수를 얻을 수 없었습니다. 결국 지금의 위치에 매장을 계약하고 새로운 서린낙지의 역사를 써 내려 가게 되었습니다.

현재의 르메이에르 빌딩은 서울 도심의 교통 중심지와 가까워, 더욱 다양한 고객층을 유치할 수 있는 잠재력이 높은 장소였습니다. 새로운 입지는 예전보다 더 많은 유동 인구가 있는 곳이었고, 이는 매장의 미래를 위한 긍정적인 신호였습니다.

Chapter 1. 서린낙지의 역사

이전이 결정된 후, 우리는 매장의 내부 인테리어와 운영 방식을 새롭게 정비하기로 했습니다. 이전과 달리 더 넓은 공간을 활용하여 좌석 배치를 재구성하고, 더 많은 고객을 수용할 수 있도록 했습니다. 또한, 고객들에게 더 나은 경험을 제공하기 위해 주방과 서빙 동선을 최적화하고, 서비스를 더욱 강화하기로 했습니다. 고객이 서린낙지에 기대하는 정성과 맛, 그리고 따뜻한 환대를 놓치지 않기 위해 우리는 작은 디테일 하나까지도 신경 썼습니다.

다시 서린낙지를 오픈하기 전까지 불안감에 잠을 못 이뤘습니다. 새로운 장소에서 과연 이전만큼 잘 될 수 있을까? 단골들이 다시 찾아오실 때 불편하시지 않을까? 1층이 아니라 2층인데, 과연 사람들이 많이 올 수 있을까? 등 많은 고민이 있었습니다.

2009년 1월 14일, 우리는 마침내 새로운 장소에서 다시 문을 열었습니다. 그날 아침, 직원들과 함께 긴장과 설렘 속에 첫 고객을 맞이할 준비를 하면서 마음이 두근거렸습니다. 걱정도 잠시, 손님들은 줄을 서서 오픈하기만을 기다렸고, 첫 번째 고객은 오랜 단골로, 우리 매장이 다시 문을 연 것을 알고 일부러 찾아왔다고 했습니다. 그 고객을 맞이하는 순간, 그동안의 불안과 걱정이 눈 녹듯 사라졌습니다. 고객들이 우리를 기억하고, 기다려 주었다는 사실이 우리에게 큰 용기와 힘을 주었습니다. 그날 이후, 매장은 다시 활기를 찾기 시작했고, 이전보다 더 많은 고객들이 우리를 찾아와 주셨습니다.

당시 불편하신 몸을 휠체어에 의지하여 가게 한 켠에서 지켜보시던 아버지는 조용히 눈물을 훔치시면서 저에게 고맙다는 말씀을 하셨습니다.

그간의 걱정과는 달리 매출은 우상향을 유지했습니다. 그 전에 비해 매출은 자연스레 늘게 되었고, 기존 매장보다 테이블이 10개 이상 늘었습니다. 기존 단골들 이외에도 새로운 장소에서 새로운 단골들이 만들어지며 서린낙지는 다시 새롭게 브랜딩이 되어 갔습니다.

　이 경험을 통해 저는 큰 깨달음을 얻었습니다. 어려움이 닥쳤을 때 우리는 좌절할 수도 있지만, 다시 일어설 준비가 되어 있다면 언제든 새로운 기회를 만들어 낼 수 있다는 것을요. 재개발로 인한 매장 이전은 처음에는 큰 위기처럼 보였지만, 결과적으로는 더 많은 고객과 만날 수 있는 기회를 열어 준 사건이 되었습니다. 새로운 매장은 더 넓고 밝은 공간으로서, 더 많은 고객을 수용할 수 있었고, 이를 통해 우리는 새로운 도약을 이룰 수 있었습니다. 현재의 르메이에르빌딩 2층으로 옮겨 오기 위해 제가 동원할 수 있는 모든 자금을 다 끌어왔고 이 매장이 망하게 되면 나와 나의 가족 모두의 전 재산을 잃을 수도 있었지만 저는 확신이 있었습니다. 아버지가 걸어갔던 그 길을 잘 따라가다 보면 고객은 결코 배신하지 않는다는 믿음이 있었습니다. 그렇게 힘겹지만 3대째 저희는 늘 고객에게 사랑받는 브랜드의 자리를 지키기 시작하였습니다.

하지만 그 시절 매장에 나오시지는 못하셔도 저에게는 큰 버팀목이 되어 주셨던 그리고 잘 운영하고 있다는 걸 자랑할 수 있는 유일한 제 편인 아버지가 10여 년의 긴 투병 끝에 세상을 떠나시게 되면서 또 한 번 직원들에게 제가 없어도 매장 준비를 잘하라는 말을 하며 가게를 나오는 그 먹먹함은 이루 말할 수 없었습니다. 하지만 10년 전과 다름없이 다시 장례를 마치고 발길을 가게로 돌려야만 했습니다.

### TV 출연의 효과, 맛대맛, 식신로드 그리고 백종원의 3대천왕 등 출연

서린낙지의 또 다른 전환점은 2015년 10월 TV 프로그램 '백종원의 3대 천왕'에 출연한 일이었습니다. 이 출연은 저희가 전국적으로 알려지는 계기가 되었습니다. 방송 출연이 처음은 아니었습니다. 2004년 맛대맛에 부모님이 출연하면서 잠시 고객이 늘었고 이 당시 방송의 효과를 약하게 경험하게 되었습니다.

그리고 2014년 식신로드에 출연당시 3대인 제가 출연하면서 젊은 층의 고객들이 한 달 정도는 늘었으나 효과가 크지는 않았습니다. 그런데 백종원의 3대천왕은 그 당시 기존의 먹방과는 다른 차원의 프로그램이었고 이 방송으로 전국적인 맛집으로 자리매김하는 데 도움이 되었던 계기가 되었습니다. 2014년 2월 아버지가 돌아가시고 새로운 시작의 돌파구가 필요했는데 방송은 아버지가 주신 선물 같은 계기가 되었습니다.

처음 SBS에서 출연 요청이 왔을 때 저는 출연을 결심하는 데 꽤 오랜 시간이 걸렸습니다. 이유는 시청자에게 어떻게 비춰질지, 고객들이 어떻게 반응할지 전혀 예측할 수 없어 긴장되었기 때문입니다. 그 때 아버지께서 2004년에 방송출연 전에 하시던 말씀이 떠올랐습니다. "우리 매장이 자랑할 만한 곳이 되지 않으면, 결코 방송에 나가서는 안 된다."는 것이었습니다. 그래서 아버지의 말씀을 새기며 더 열심히 준비하였고 출연을 결심하게 되었습니다.

 방송 촬영은 하루 종일 이어졌고, 우리는 평소와 다름없이 최선을 다해 요리를 준비했습니다. 조방낙지의 조리 과정과 신선한 재료의 선택, 그리고 우리 매장만의 비법을 담은 양념장의 제조 과정을 카메라 앞에서 자세히 설명하며, 그동안의 경험과 철학을 최대한 전달하려 노력했습니다. 촬영이 끝난 후에도 우리는 방송의 결과를 기다리며 긴장된 마음을 감출 수 없었습니다.

 당시는 예전보다 모바일이 발전하여 정보가 빠르게 확산될 수 있는 시기였습니다. 또한 한창 '맛집 투어'가 유행하던 중이었기에 방송의 힘이 더욱 커져 많은 인기를 얻을 수 있었습니다.

 방송이 나간 다음 날, 매장 앞에는 길게 줄을 선 고객들을 발견하게 되었습니다. 이들은 모두 TV에서 서린낙지를 보고 찾아온 사람들이었습니다. 처음에는 낯선 얼굴들로 가득한 매장 안을 보고 어리둥절했지만, 곧 이 상황이 얼마나 기쁜 일인지 깨달았습니다. 우리는 하루 종일 쉼 없이 음식을 만들고 제공해야 했습니다. 특히, 방송을 보고 온 고객들이 "방송에서 본 것보다 더 맛있다."며 칭찬할 때마다 큰 보람을 느꼈습니다.

이 광경을 부모님께서 보셨으면 얼마나 좋아하셨을까 하는 생각이 교차하면서 그해 겨울 부모님 산소에 찾아가 내심 자랑 섞인 푸념을 하면서 가슴이 벅차올랐습니다.

방송 출연은 단순히 서린낙지를 소개하는 데 그치지 않았습니다. 많은 사람들이 TV를 통해 서린낙지의 철학과 전통적인 요리 방식에 대해 알게 되었고, 직접 체험해 보고자 하는 욕구를 불러일으켰습니다. 이로 인해 우리 매장은 전국적인 인지도를 얻게 되었고, 더 많은 고객들에게 우리의 맛과 가치를 전달할 수 있는 기회를 얻었습니다. 특히, 지방에서까지 찾아온 고객들은 서린낙지의 진정성을 경험하며 다시 찾겠다는 약속을 하고 떠나곤 했습니다.

이 경험을 통해 저는 깨달았습니다. 우리 매장의 철학과 전통적인 요리 방식이 많은 사람들에게 감동을 줄 수 있다는 사실, 그리고 그것이 고객들과의 진정성 있는 연결을 만들어 낸다는 것을 깨닫게 되었습니다. 방송 이후, 우리는 더 많은 사람들에게 우리의 요리를 알리기 위해 다양한 채널을 통해 소통하고자 노력했습니다. 고객들이 우리를 찾아오는 데 있어 작은 기대감을 품고 오더라도, 그 기대를 넘어서는 맛과 경험을 제공하기 위해 최선을 다하고 있습니다. 그리고 요리만큼 중요한 것이 바로 홍보마케팅이라는 시대의 변화를 체감하게 되었습니다. 내가 아무리 음식을 잘 만든다고 해도 고객들에게 알릴 수 있는 채널이 반드시 필요하다는 것이었습니다. 현대를 비쥬얼마케팅의 시대라고 하는데 저를 비롯한 오십대의 대표들의 한계는 바로 SNS세대가 아니라는 것입니다. 그러다 보니 음식의 맛만큼 나의 철학과 제품을 알릴 수 있는 방법은 식당을 운영하는 사장님들에게 매우 중요한 요소가 됨을 깨닫는 중요한 사건이 되었습니다.

### 코로나19 팬데믹: 새로운 도전과 밀키트 사업으로의 전환

코로나 팬데믹 전에도 많은 사건들이 있었습니다. 2012년 어느 날 얼굴에 점이라고 생각하던 것이 사라지지 않아서 피부과를 갔는데 피부암이라는 이야기를 듣게 되었습니다. 상황도 어려운데 암이라는 사실이 낙망이 되기는 했는데 생각보다 수술이 짧게 끝나고 큰 통증이 없어서 바로 매장으로 달려가서 평소

처럼 일을 했습니다. 그런데 나중에 알고 보니 수술 후 충분한 휴식이 필요했는데 저에게 보이는 건 매일 우리 매장을 찾아 주는 고객에 대한 주인으로의 성실함이 더 중요했던 것 같습니다.

그리고 군대에서 다쳤던 발목 쪽이 계속 삐길래 병원을 갔더니 뼛조각이 남아있어 수술이 필요한 상황이었습니다. 수술보다 매장이 중요하여 수술날짜를 미루고 있었습니다. 그러던 중 결정적으로 발목을 다쳐서 2013년 추석기간에 수술을 하게 되었습니다. 아무래도 명절은 휴일보다 고객도 적다 보니 이때 수술하는 것이 적기라고 판단했습니다. 수술 이후 저는 당연히 매장에서 고객을 응대했는데 고객들은 그런 저의 모습에 큰 감동을 받고 걱정을 많이 해 주셨습니다. 지나서 생각해 보니 아버지처럼 서린낙지의 성실한 사장님의 모습을 저에게서 발견하게 되었습니다. 개인적인 어려움이 찾아오고 건강의 문제가 생겨도 나보다 서린낙지를 찾아 주는 고객에게 늘 같은 자리를 지키는 모습을 보여 주고 싶었습니다.

이렇게 어려운 일이 생길 때 가장 큰 힘이 되어 준 사람은 바로 직원들이었습니다. 20년 넘게 한 사람의 퇴사자 없이 같은 방향성을 향해 뛰어 준 직원들을 생각하면 지금도 고마운 마음을 잊을 수가 없습니다. 이런 역경 속에서도 서린낙지 운영을 멈추지 않고 이어 오던 저에게 큰 사건이 터지게 됩니다. 바로 2019년 말 중국에서 시작된 코로나 팬데믹입니다.

2020년, 코로나19 팬데믹은 서린낙지에게도 큰 위기가 되었습니다. 팬데믹 초기에는 매장 방문 고객이 급격히 줄어들고 매출도 크게 감소했습니다. 사회적 거리 두기와 외출 자제 분위기 속에서 우리는 심각한 위기에 처하게 되었습니다. 매장을 유지하기 위해 어떻게 해야 할지 매일 밤 고민했습니다. "이대로 우리 매장이 사라질 수도 있다."는 생각에 잠을 이루기 힘든 날들도 있었습니다.

코로나19 팬데믹으로 인해 많은 식당은 줄폐업으로 이어지고 살아남는 외식업 브랜드들은 배달 맛집으로 매장형보다는 배달 매장형으로 시스템이 바뀌게 되었습니다. 오래된 노포의 면대면 서비스가 배달로 음식을 받는 문화로 변하여 자리를 잡아가기 시작했습니다.

그리고 두 번째 키워드는 밀키트였습니다. 코로나 팬데믹 초창기에는 배달 음식의 수요도 높았고 대부분의 프랜차이즈 브랜드들은 배달형 프랜차이즈를 만들어 내기 시작했습니다. 그러던 중 코로나가 장기화되면서 고객들은 더 이상 배달 음식에 열광하지 않고 집밥에 대한 수요가 높아지게 되었습니다. 그렇게 맛집 밀키트(RMR)들이 쏟아져 나오기 시작했고 고객들은 맛집을 방문하지 않아도 집에서 맛집의 메뉴를 반조리 형태로 또는 완조리 형태로 먹을 수 있게 되었습니다.

서린낙지도 여기서 다양한 변화의 시점에 놓였다고 판단하게 되었습니다. 그리고 서린낙지를 매장이 아닌 집에서 즐길 수 있는 방법을 고민하던 터에 밀키트 전문 브랜드의 컨설팅을 받기로 결심하게 되었습니다. 새로운 도전을 할 때 수업료를 아끼지 말아야 더 큰 수익을 창출할 수 있다는 것은 선대 때부터의 운영철학이기도 했습니다. 우리는 컨설팅을 통해 그동안의 시행착오를 줄이는 시간을 벌게 되었고 조리 과정을 더욱 간단하게 하면서도 맛을 최대한 유지하기 위해 연구를 거듭했습니다. 특히, 신선한 재료를 사용하고 양념의 농도를 맞추는 데 집중했습니다.

고객들에게 첫 번째 밀키트를 제공한 후, 고객들의 피드백을 신중하게 수집했습니다. 고객들이 밀키트를 구매하고 요리해서

먹어본 결과 대부분의 고객들이 그 맛에 만족했다는 피드백을 받았을 때, 큰 자신감을 얻었습니다. 결국, 밀키트는 우리 매장의 새로운 수익원으로 자리 잡았고, 팬데믹 상황에서도 우리 매장을 지켜줄 든든한 버팀목이 되었습니다. 이제는 서울뿐만 아니라 전국 각지에서 서린낙지의 밀키트를 주문하는 고객들이 늘어났고, 이를 통해 온라인쇼핑(와디즈, 오픈마켓)이라는 새로운 시장을 개척할 수 있었습니다.

이 경험을 통해 어려움 속에서도 새로운 기회를 찾을 수 있음을 깨달았습니다. 코로나19 팬데믹 동안 밀키트를 통해 더 많은 사람들에게 서린낙지의 맛을 전달할 수 있었고, 이는 우리 매장의 가치를 더 넓게 알리는 계기가 되었습니다. 서린낙지 밀키트 개발은 앞으로도 변화를 두려워하지 않고, 언제나 새로운 기회를 포착해 성장해 나갈 수 있다는 것을 알게 된 계기가 되었습니다.

이처럼 서린낙지의 성공 여정은 단순히 안정된 길만이 아니었습니다. 부모님의 갑작스러운 은퇴, 재개발, 방송 출연, 팬데믹 그리고 밀키트 제작 및 판매 등의 여러 도전과 위기 속에서 저희는 포기하지 않고 끊임없이 새로운 길을 모색하며 성장을 이어 왔습니다. 이러한 경험은 저희가 오늘날에도 끊임없이 발전할 수 있는 원동력이 되었고, 미래에도 지속적인 도전과 혁신을 통해 성장해 나갈 것입니다.

서린낙지의 세 번째 이야기를 써 가고 있는 지금도 매일매일 성장하는 브랜드 '서린낙지'와 함께 할 수 있다는 것에 큰 자부심과 행복을 느끼고 있습니다.

Chapter 2

# 한 달에 2억 매출을 만드는 맛집의 성공 비법

# 1.

## 매출 상승의 비결:
## 맛의 철학과 재료에 대한 고집

저희 서린낙지가 수십 년 동안 꾸준한 성장을 이루며 현재의 자리에 오를 수 있었던 가장 큰 이유는 변하지 않는 맛의 철학과 재료에 대한 고집입니다. 요즘같이 경쟁이 치열한 외식업계에서 고객들에게 기억에 남는 맛을 제공하는 것은 기본 중의 기본입니다. 하지만 저희는 단순히 맛을 제공하는 것을 넘어서, 신뢰할 수 있는 음식을 제공하기 위한 철학을 세워 왔습니다.

저희 서린낙지가 자랑하는 가장 큰 자산은, 재료의 신선도에 대한 엄격한 기준입니다. 제 조부모님은 서린낙지를 처음 시작하실 때부터 "음식은 그날그날 가장 신선한 재료로 만들어야 한다."는 원칙을 고수하셨습니다. 이는 단순한 원칙이 아니라, 고객에게 최고의 맛을 제공하기 위해 필수적으로 지켜야 하는 약속이라고 생각합니다. 매일 새벽 조부모님은 시장에 나가 낙지와 해산물을 직접 고르셨고, 저희는 이 전통을 이어받아 현재까지도 그날 사용할 신선한 재료만을 구입하고 있습니다. 이는 시간이 지나도 변하지 않은 저희만의 방식입니다.

고객들에게 제공하는 음식은 곧 정직함을 의미합니다. 재료가 신선하지 않으면 요리의 결과도 좋을 수 없습니다. 저희가 계속해서 이 원칙을 고수하는 이유는, 고객이 언제나 저희에게 기대하는 그 맛을 유지하고 있기 때문입니다. 또한 재료가 아무리 신선해도 고추가루의 매운 맛의 차이가 있어 초반에는 다른 매장처럼 캡사이신을 쓸까도 고민했었습니다. 하지만 맛의 차이는 정직함으로 극복하자, 라는 신념으로 고추가루를 고집하였고, 이러한 저희의 노력을 고객들께서 알아주셨습니다. 고객들이 저희 서린낙지를 찾아올 때 기대하는 것은 단순히 매운 낙지 볶음이 아닌, 그 신선한 재료와 건강한 매운맛으로 만들어지는 일관된 맛입니다. 이 신뢰는 단지 재료의 신선함에서 비롯되는 것이 아니라, 저희가 늘 그 재료를 어떻게 다루고 준비하는가에 대한 철저한 관리에서 비롯됩니다.

저희가 자랑하는 또 다른 강점은 일관성 있는 맛을 유지하기 위한 꾸준한 노력입니다. 아무리 좋은 재료를 사용하더라도, 이를 어떻게 조리하는가에 따라 최종 결과물의 맛은 달라질 수 있습니다. 기본에 충실한 조리법을 고수하면서도, 고객들이 매번 같은 만족감을 느낄 수 있도록 요리의 세세한 부분까지 신경 씁니다.

특히 불의 세기와 조리 시간, 그리고 정확한 레시피로 만들어지는 양념장은 늘 세심하게 체크하는 요소들입니다. 낙지 볶음은 고온에서 빠르게 볶아야 낙지의 쫄깃한 식감이 살아나기 때문에, 재료가 들어가는 순간부터 요리사가 집중하여 불 조절을 신경 씁니다. 그날의 낙지 상태에 따라 양념이 스며드는 시간이 달라질 수 있기 때문에, 저희는 매일 재료의 상태에 맞춰 미묘한 조리법의 변화를 적용하고 있습니다. 낙지의 전처리과정과 양념과정, 마지막으로 볶는 과정까지 철저하게 관리된 조리 과정이 있기 때문에 고객들은 늘 맛있는 경험을 하게 됩니다.

또한 저희는 비법 양념장에 있어서도 오랜 시간 동안 연구해 온 레시피를 고수하고 있습니다. 낙지의 신선한 맛을 해치지 않으면서도, 그 깊고 매운맛을 유지하는 것이 중요한데, 이를 위해 양념의 재료 배합과 숙성 시간을 철저하게 관리하고 있습니다. 이 양념장은 저희 서린낙지만의 독특한 맛을 형성하는 중요한 요소로, 오랜 시간 동안 고객들에게 사랑받아온 이유 중 하나입니다. 가장 중요한 재료인 청량고추는 따는 시기별로 맵기가 다른 특성을 가지고 있습니다. 첫물, 중간물, 끝물까지 고추의 맵기가 다르다 보니 고추를 수확하는 시기에 따른 특별한 레시피는 누구도 흉내낼 수 없는 서린낙지만의 비법이 되었습니다.

이처럼 저희가 지켜온 맛의 철학은 고객들과의 신뢰를 쌓는 데 가장 중요한 요소였습니다. 단순히 재료와 조리법에만 집중하는 것이 아니라, 고객이 느끼는 맛을 통해 그들이 기대하는 것 이상을 제공하려는 노력이 저희를 오늘날까지 성장하게 만들었습니다.

# 2.

## 고객 만족을 위한 서비스 전략: 정성과 소통의 힘

저희가 오랜 시간 동안 성공을 이어올 수 있었던 또 다른 중요한 이유는 바로 고객 중심의 서비스 전략입니다. 단순히 맛있는 음식만으로는 고객을 만족시킬 수 없다는 것을 오랜 경험을 통해 알게 되었습니다. 외식업에서 고객들이 기대하는 것은 단순히 음식을 먹는 것을 넘어, 그 과정에서 얻는 특별한 경험입니다. 그래서 고객에게 최상의 만족을 제공하기 위해, 세심한 서비스 철학을 구축해 왔습니다. 이 철학은 '고객 한 사람 한 사람을 소중히 여기고, 그들에게 기억에 남는 경험을 제공하자.'는 마음에서 시작되었습니다.

저는 개인 맞춤 서비스를 위해 키오스크나 계산서를 쓰지 않고, 고객에게 제공되는 음식 하나, 주류 하나를 제 눈을 보면서 고객의 드시는 양과 니즈를 파악하려 했습니다. 이는 아버지께서 직접 고객들과 호흡할 수 있어야 한다며 늘 강조하시던 것이었습니다. 그렇게 아날로그 방식으로 운영을 해 왔고, 이제는 그 고객이 어떤 자리에서, 무엇을 드셨는지, 또 얼마가 나왔는지 매장 전체의 흐름을 파악할 수 있게 되었습니다.

### 고객과의 소통을 중시하는 서비스

서린낙지를 운영하면서 가장 중요하게 생각하는 것은 고객과의 소통입니다. 고객들이 처음 서린낙지를 방문했을 때, 그들은 저희 매장의 분위기와 음식을 통해 특별함을 느끼길 원합니다. 하지만 거기서 그치지 않고, 고객이 느끼는 모든 경험이 자연스럽고 편안하게 이어질 수 있도록 배려하고자 합니다. 예를 들어, 처음 방문한 고객의 이름을 기억하고 주문하는 메뉴를 파악하려 노력합니다. 그리고 그 고객이 다시 방문할 때에는 더 개인화된 서비스를 제공하기 위해 취향을 미리 반영하는 등의 세심한 배려를 하고 있습니다.

고객과의 대화는 저희 서비스에서 매우 중요한 부분입니다. 음식을 서빙 할 때에도 단순히 요리를 내놓는 것에 그치지 않고, 고객이 필요로 하는 것이 무엇인지 먼저 파악하려 노력합니다. 고객이 무엇을 원하는지, 어떤 상황에서 저희 매장을 방문했는지를 파악해 그에 맞는 소통과 응대를 하는 것이 저희가 생각하는 서비스의 기본입니다. 이를 통해 고객들은 저희 매장에서 자신이 특별한 대접을 받았다고 느끼며, 이는 다시 고객을 재방문하게 만드는 중요한 요인으로 작용합니다.

이렇게 고객과의 소통을 통해 서린낙지만의 특별한 서비스를 만들어 갑니다. 특히 단골 고객들에게는 더 나은 경험을 제공하기 위해, 저희 매장에 대해 어떻게 느끼는지를 지속적으로 묻고, 그들의 의견을 반영하여 서비스 품질을 개선해 나갑니다. 특히 서비스와 관련한 고객들의 피드백을 경청하는 것이 중요하다고 생각합니다. 고객의 불만이 발생했을 때도 저희는 이를 즉시 해결하려고 노력하며, 이를 통해 고객들이 저희를 더욱 신뢰할 수 있도록 합니다. 다행인 것은 제가 운영하는 동안 고객 불만 건은 단 한 건도 나오지 않았다는 것에 늘 자부심과 고객 서비스에 긍지를 갖게 됩니다.

## 충성 고객 관리

저희 서린낙지가 자랑하는 또 다른 서비스 전략은 바로 충성 고객에 대한 특별한 관리입니다. 충성 고객 관리라는 말이 참 어색하기도 하지만 충성 고객에 대한 소통과 배려는 자연스럽게 고정매출로 연결되는 과정이 됩니다. 그래서 첫 방문한 고객이 서린낙지의 맛과 서비스에 만족에서 두 번, 세 번 방문하게 되고 이어 충성 고객이 되는 과정을 관리하는 것은 매우 중요한 성공요인이 됩니다.

서린낙지에서는 충성 고객들에게는 일반적인 서비스 이상의 특별한 경험을 제공하게 합니다. 예를 들어, 그들이 평소 선호하는 메뉴를 주문 전에 미리 세팅해 두는 등의 세심한 배려를 통해 그들이 저희 매장에서 더 큰 만족감을 느낄 수 있도록 하고 있습니다. 연애할 때부터 서린낙지를 오시던 고객분들이 어느날 결혼소식과 함께 청첩장을 건네주셨습니다. 그런데 저는 결혼식을 갈 수는 없다 보니 음식값을 받지 않고 축하의 마음을 담아 서비스를 해 드렸습니다. 그랬더니 그 고객이 결혼 이후 더 많은 분들과 서린낙지를 방문하는 경험을 하게 되었습니다. 단순하게 청첩장을 받았을 때 축하의 마음만 전할 수도 있지만 고객이 생각하는 이상의 특별한 서비스는 서린낙지에 대한 충성심을 크게 만들 수 있는 계기를 만들어 주게 되었습니다.

저희는 고객과의 정기적인 소통을 통해 그들이 느끼는 만족도를 파악하고, 이를 개선할 방법을 모색합니다. 충성 고객들이 저희에게 느끼는 만족은 곧 그들이 다른 사람들에게 서린낙지를 추천하게 만드는 동기가 되며, 이로 인해 자연스럽게 입소문이 형성됩니다. 입소문은 서린낙지의 성공에 있어 가장 중요한 마케팅 전략 중 하나이며, 저희는 이를 통해 매년 더 많은 신규 고객을 만나고 있습니다.

### 일관성 있는 서비스와 경험의 제공

저희는 메뉴얼화된 일관성 있는 서비스가 고객 만족을 유지하는 데 중요한 역할을 한다고 믿습니다. 고객들이 어떤 상황에서 서린낙지를 찾아오더라도, 언제나 같은 수준의 서비스를 받을 수 있도록 노력하고 있습니다. 이는 고객들이 저희 매장을 찾을 때마다 기대하는 서비스의 질을 유지하는 것이고, 고객들이 저희 매장에 대한 신뢰를 쌓는 중요한 요소가 됩니다.

이를 위해 직원 교육에 많은 노력을 기울이고 있습니다. 모든 직원이 동일한 수준의 서비스를 제공할 수 있도록 교육하고, 고객들과의 소통 방식, 서비스 매너 등을 꾸준히 훈련합니다. 특히 저희는 직원들이 단순히 업무를 수행하는 것이 아니라, 고객과의 관계를 형성하는 데 중점을 두도록 교육합니다. 이를 통해 고객들은 서린낙지를 단순한 식사 공간이 아닌, 그들만의 특별한 공간으로 인식하게 됩니다.

서비스의 일관성은 또한 음식의 제공 시간이나 주문 처리 속도와 같은 세부적인 부분에서도 중요한 역할을 합니다. 고객들이 항상 같은 시간 안에 음식이 나오는 것을 기대하고, 그 기대가 충족될 때 그들은 서린낙지에 대해 더 큰 만족감을 느낍니다. 저희는 이러한 작은 부분들까지도 놓치지 않고 세심하게 관리하며, 이를 통해 고객들에게 언제나 최상의 경험을 제공하게 합니다.

이처럼 일관된 서비스 전략은 단순한 친절한 응대나 기본적인 서비스 제공을 넘어서, 고객과의 긴밀한 소통과 개인화된 경험을 통해 그들이 서린낙지에 특별함을 느끼도록 하는 데 중점을 두고 있습니다.

뻣뻣한 것이 질기고 싱거워서 우리 낙지처럼 쫄깃쫄깃한 맛을 못 내요."
'이강순 실비집'과 더불어 장안의 대표적인 낙지 식당 '서린낙지'. 한때 낙지 요리로 이름을 날리기도 했던 무교동에서는 88년 전통을 가진 화려한 경력의 소유자다. 무교동이 재개발되면서 1992년 5월 이후 피맛골로 자리를 옮겼다. 서린낙지 역시 49년이라는 적지 않은 역사를 가진 맛집인 셈. 낙지라는 단 하나의 메뉴로 사람들의 입맛을 사로잡은 이곳에서 입맛 '불변'을 맛보지 않고는 두고두고 후회할 터. 큼직하게 썰어넣은 대파, 양파, 감자에 베이컨, 햄, 소시지, 삼겹살, 각종양념의 콩나물 무침을 수북이 담으면 불판 준비 끝. 여기에 청양고추와 마늘, 고추장, 매콤새콤한 서린낙지만의 소스를 넣어 볶아낸 낙지볶음을 더하면, '숨 넘어가는 맛이 여기구나' 싶다. 더운 열기에 얼굴이 벌겋게 달아오르고, 땀방울이 얼굴을 타고 뚝뚝 떨어진다. 그때마다 냉수나 시원한 조개탕으로 어린 속을 달래가며 다시는 못 먹을 것 같다고 다짐하지만, 매콤하게 익은 낙지를 집어 먹던 맛을 쉽게 잊지 못해 다시 찾게 되곤 한다. 30도가 웃도는 뜨거운 여름철에도 점심 시간대면 식당이 가득 차다 못해 밖에까지 줄을 서서 기다릴 정도니 맛에 대해 장황한 설명은 필요없을 듯.
2~3명이 먹을 만한 불판 1개에 낙지 한 접시, 공기밥 2개에 2만5천 원이다. 여기에 낙지나 소시지 등을 추가할 수 있고, 인심이 후해 콩나물은 원한다면 언제든지 듬뿍 맛볼 수 있다. 이외에도 산낙지 1만2천 원, 감자탕 8천 원, 조개탕 8천 원 등에 맛볼 수 있다. 오전 10시부터 오후 11시 30분까지 영업하고, 명절을 제외하고 연중 무휴이며, 카드 사용이 가능하다. 문의 02-735-0670

**3대째 이어가는 중식당, 신승관** 어릴 적 나들이 때 최고의 메뉴는 단연 '자장면'. 동그랗게 말린 하얀 면발 위에 양파, 감자, 돼지고기 등을 넣어 볶아낸 갈색의 춘장이 얹혀져 있는 모습은 어린 눈에 그야말로 지상 최고의 요리였다. 얼굴에 덕지덕지 새까맣게 자장을 묻혀가며 음냠거리며 먹었던 어릴 적 기억이 워낙 선명한 때문일까, 어른이 된 지금에도 중국집 하면 왠지 반가 정감 있게 느껴진다. 이 흐뭇한 기억을 피맛골은 결코 외면하지 않는다. 빨간색 바탕에 금박으로 쓰여진 '신승관'이라는 이름 석 자. 지금의 아이들에게는 세련된 중식당이 주는 이러한 즐거움을 선사하고, 이젠 어른이 된 이들에게는 아련한 향수를 불러일으킬 피맛골의 소문난 중국 음식점이다.
1964년 이곳을 처음 연 사람은 올해 연세가 일흔이십인 장학생 씨. 중국교포 1세대인 그는 우리나라에 자장면이라는 음식을 처음으로 개발, 선보인 인물이기도 하다. 돈 단위가 사라지고 원 단위가 본격화되던 시절 당시 자장면 가격은 80원 정도. "중국에는 원래 자장면이라는 음식이 없어요. 저희 아버지께서 한국 사람 입맛에 맞게 개조해서 처음으로 선보인 거죠. 지금은 가장 대중적인 음식으로 자리잡은 셈이지요." 장학생 옹의 생애만큼이나 아버지의 가업을 이어 신승관을 운영하고 있는 장정문 씨, 어릴 적엔 골목대장 하느라 피맛

# 3.

## 입소문과 충성 고객의 중요성: 신뢰를 바탕으로 한 성장

저희 서린낙지가 오랜 시간 동안 꾸준한 성장을 이루며 성공할 수 있었던 가장 큰 이유 중 하나는 입소문의 힘입니다. 많은 마케팅 도구와 광고 방법이 있지만, 입소문만큼 강력한 효과를 내는 것은 거의 없다고 생각합니다. 입소문은 단순히 저희가 제공하는 맛있는 음식에서 비롯된 것이 아닙니다. 그것은 고객들이 서린낙지에서 느끼는 신뢰와 만족이 바탕이 되었기 때문에 가능했습니다. 입소문은 고객들이 직접 경험한 것을 타인에게 추천하는 가장 신뢰할 수 있는 방법이며, 저희는 이를 통해 많은 새로운 고객들을 맞이할 수 있었습니다.

### 입소문을 통한 자연스러운 성장

저희는 특별한 광고나 마케팅을 많이 하지 않았음에도 불구하고, 입소문 덕분에 꾸준한 성장을 이루어 왔습니다. 특히 2015년에 출연한 TV 프로그램 '백종원의 3대 천왕'을 계기로 저희는 전국적으로 큰 관심을 받게 되었고, 그 이후로 많은 고객들이 매장을 찾아 주셨습니다. 방송을 통해 처음 저희 매장을 알게 된 고객들이 저희 낙지 볶음을 맛본 후, 그 만족감을 주변 사람들에게 전하며 입소문이 더욱 강력해 졌습니다.

하지만 입소문은 단순히 방송의 힘으로만 이루어진 것이 아닙니다. 고객들이 서린낙지를 찾았을 때 그들이 기대하는 맛과 서비스를 항상 충족시키고, 때로는 그 기대를 넘어서는 경험을 제공하기 위해 꾸준히 노력해 왔습니다. 고객들이 만족한 경험을 주변 사람들과 공유하게 되면, 그 소문은 자연스럽게 신규고객을 유치하게 됩니다. 저희는 이 과정을 통해 신규고객을 맞이하면서도 기존의 충성 고객들과의 관계를 더욱 견고하게 유지할 수 있었습니다.

특히 서린낙지의 근처 직장인들을 통해 많은 입소문 효과를 얻게 되었습니다. 점심시간이나 퇴근 후, 직장인들은 자주 서린낙지를 찾았고, 그들이 느낀 맛과 서비스에 대한 만족감은 자연스럽게 주변 사람들에게 전해졌습니다. 이처럼 서린낙지는 일상 속에서 자연스럽게 입소문을 타고 퍼져 나가며 성장할 수 있었습니다. 고객들이 저희 매장에서 경험한 것은 단순한 한 끼 식사 이상의 가치를 지니며, 그들이 다시 찾아올 때 그 기대를 충족시키는 것이 저희의 가장 중요한 목표였습니다.

이처럼 저희 서린낙지의 성장과 성공은 입소문과 충성 고객들의 힘에 크게 의존하고 있습니다. 입소문은 자연스럽게 신규고객을 유치하는 데 도움을 주었고, 충성 고객들과의 깊은 신뢰는 저희 매장의 꾸준한 성장을 이끄는 원동력이 되었습니다. 앞으로도 저희는 이 두 가지 요소를 바탕으로 더 많은 고객들과 소통하며, 그들의 기대를 충족시키기 위해 끊임없이 노력할 것입니다.

# 4.

## 직원과의 유대관계

위에서 언급했던 모든 것들은 저 혼자 할 수 있는 것이 아닙니다. 모두 함께 일하는 직원들과 협력한 결과입니다. 서비스, 즉 고객과의 소통 외에도 많은 것들이 직원들과 이루어지고 있으며 그 힘으로 충성 고객도 생길 수 있다는 것을 항상 명심하고 있습니다.

아무리 대표 혼자 잘 하더라도 고객과 더 많이 부딪히는 것은 직원이기에 그들과 함께 서린낙지라는 브랜드를 만들어 가는 것이라 생각합니다. 직원과 사장이라는 갑을관계를 떠나 상생하여 같이 매장을 유지해 나가는 동업자라고 생각합니다.

그래서 저에게는 몇 가지 원칙이 생기게 되었습니다. 예를 들어 점심장사가 끝나면 직원들과 저는 식사를 같이하지 않습니다. 그대신 직원들에게 각자 또는 여럿이 여유롭게 식사를 할 수 있게 비용과 시간을 제공합니다. 대기업처럼 급여를 많이 줄 수는 없어도 제가 할 수 있는 선에서 최선을 다하는 모습을 보여줍니다. 두 번째는 직원보다 더 많은 일을 하려고 생각하고 행동합니다. 20년 넘게 결근 없이 가게를 운영하는 사장의 모습은 직원들에게 많은 울림을 주었다고 합니다. 제가 잘할 수 있는 일을 직원에게 시키기보다는 잘하는 제가 해야 한다는 생각을 합니다. 그리고 직원들의 업무능력을 향상할 수 있는 기회를 제공합니다.

이렇게 단순한 고용형태가 아닌 함께 성장하고 배려하는 관계가 지속되다 보니 직전 20년간 퇴사자가 한 명도 나오지 않는 진기록을 갖게 되었습니다. 늘 곁에서 서린낙지의 성공을 함께 만들어 가는 직원들은 또 다른 가족이라고 생각합니다.

## 5.

## 매장관리

위에서 언급한 것들이 업주가 할 수 있는 기본이라면 그보다 중요한 건 이 모든 것들을 매일 출근하여 해야 한다는 것입니다.

"하루쯤"이라는 안일한 생각으로 매장을 비우게 되면 같은 맛과 서비스 일지라도 손님들은 동요하고 불편해하실 겁니다.

자영업은 인사, 노무, 회계, 자재, 홍보, 영업 이 모든 것을 관리해야만 합니다. 그러기 위해서는 매일 출근하여 객관적인 시점으로 익숙함을 넘어 통달하여만 합니다.

앞에서 언급하였듯이 부모님이 걸어온 길을 제가 지금도 걷고 있는 걸 보면 미련하게 장사한다기보다는 부모님이 잘 가르치셨다는 생각이 듭니다.

성공하는 외식업체를 운영하는 모든 자영업자들의 공통점이 바로 인사, 노무, 회계, 자재, 홍보, 영업을 총괄하면서 가장 중요한 성실성이라는 덕목을 유지하는 것이라고 생각합니다.

# Chapter 3

# 식당 창업 A to Z : 기획에서 운영까지

# 1.

## 메뉴 개발:
## 메뉴의 선택과 집중

　　메뉴 개발은 식당 창업에서 가장 중요한 과정 중 하나입니다. 메뉴는 식당의 정체성을 결정하고, 고객들의 발길을 꾸준히 이끌어 오는 핵심 요소입니다. 저희 서린낙지가 초창기에 다양한 메뉴를 판매하다가, 현재의 낙지 볶음과 베이컨소시지로 메뉴를 집중하게 된 것도 이와 같은 과정의 결과였습니다. 메뉴는 단순히 맛있는 음식을 제공하는 것이 아니라, 고객이 원하는 것이 무엇인지를 철저히 분석하고 그에 맞춰 변화하는 고객 중심의 전략이 필요합니다.

　　서린낙지의 초창기에는 낙지 볶음 외에도 갈비, 감자탕 등 다양한 음식을 제공했습니다. 이는 초기에 다양한 고객층을 확보하고 시장의 반응을 테스트하기 위한 전략이었습니다. 그러나 시간이 지나면서 저희는 매출의 80% 이상을 차지하는 핵심 메뉴에 주목하게 되었습니다. 낙지 볶음과 베이컨소시지가 직장인들 사이에서 크게 인기를 끌면서, 이 두 메뉴가 서린낙지의 대표 메뉴로 자리 잡게 된 것입니다.

그 이외에 매콤함을 시원함으로 바꾸어 주는 조개탕과 부드럽게 유화시킬 수 있는 계란말이까지 모든 메뉴가 상호 도움이 될 수 있도록 선택하게 되었습니다. 그렇게 방문하는 고객들의 다양한 입맛을 맞추고 고객만족도를 높이는 메뉴 전략을 세웠습니다.

특히, 저녁시간에 고객들이 스트레스를 풀기 위해 매운 낙지볶음을 찾는 경향을 파악했고, 그들의 입맛에 맞는 매콤하고 강한 맛을 제공하기 위해 메뉴를 특화하기로 결정했습니다. 이는 단순한 선택이 아니라, 고객의 니즈를 정확히 파악하고 그에 맞춰 메뉴를 집중화한 결과였습니다. 그리하여 음식점에서는 보기 드물게 특허출원도 하게 되었습니다.

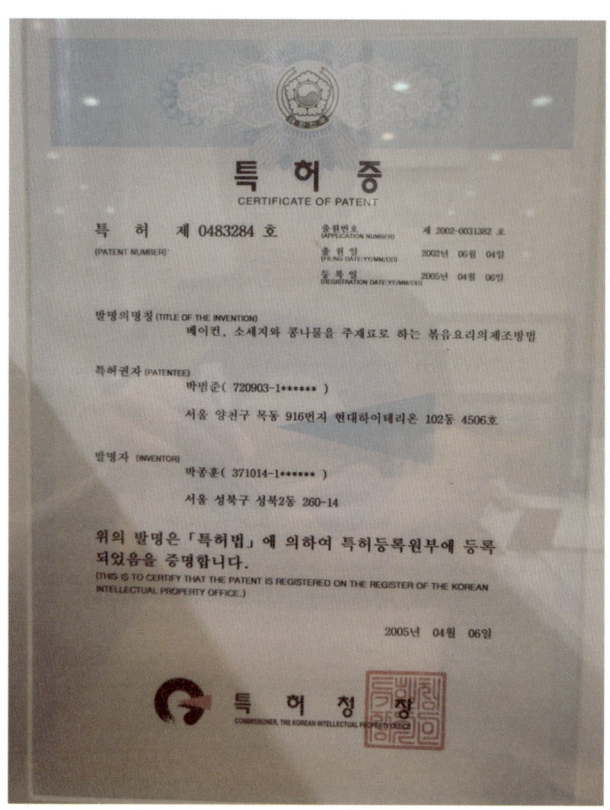

## 고객 입맛 분석의 중요성

고객의 입맛을 사로잡기 위해서는 철저한 분석과 연구가 필요합니다. 저희는 메뉴를 단순히 정하지 않고, 고객층의 성향을 깊이 분석한 후에 이를 반영하여 메뉴를 개발했습니다. 특히, 저희는 주요 고객층이 직장인이라는 점을 감안해, 그들의 피로를 풀어 주고 에너지를 충전할 수 있는 메뉴를 중심으로 발전시켰습니다. 이 과정에서 중요한 것은 고객 피드백입니다. 저희는 정기적으로 고객들의 의견을 듣고, 그들의 입맛이 어떻게 변하고 있는지를 항상 파악하고 있습니다. 고객들이 좋아하는 맛은 때로는 미묘하게 변화할 수 있기 때문에, 끊임없이 의견을 반영하고 이를 메뉴 개발에 적용하는 것이 중요합니다.

메뉴 개발에서 중점을 둔 또 다른 부분은 전통과 현대적 입맛의 조화입니다. 서린낙지의 낙지 볶음은 오랜 세월 동안 사랑받아 온 전통적인 맛을 고수하면서도, 젊은 세대에게도 어필할 수 있도록 변화를 주었습니다. 전통을 유지하는 동시에 현대적인 감각을 반영하여, 다양한 연령대의 고객들이 만족할 수 있는 메뉴를 제공하는 것이 저희의 목표였습니다. 이를 통해 신규고객층을 유입 시키면서도, 기존의 충성 고객들을 잃지 않는 데 성공할 수 있었습니다.

### 끊임없는 메뉴 연구와 변화

메뉴 개발에서 중요한 것은 변화에 대한 개방성입니다. 아무리 성공적인 메뉴라도 고객의 입맛은 계속 변화할 수밖에 없기 때문에, 항상 새로운 메뉴 아이디어를 구상하고, 기존 메뉴도 개선해 나가는 과정을 거치고 있습니다. 예를 들어, 낙지 소스를 별도로 제공하여 고객들이 자신의 취향에 맞춰 요리를 즐길 수 있도록 했습니다. 이는 고객들의 다양한 입맛을 충족시키는 데 큰 도움이 되었으며, 그 결과 더 많은 고객층을 확보할 수 있었습니다.

메뉴 개발 과정에서 중요한 요소는 재료의 품질입니다. 항상 신선하고 질 좋은 재료만을 사용하기 위해 많은 노력을 기울였습니다. 아무리 좋은 요리법을 사용하더라도, 재료가 좋지 않으면 그 맛을 온전히 살릴 수 없습니다. 이 때문에 저희는 매일 아침 신선한 재료를 직접 구매하고, 그날그날의 재료 상태에 따라 조리 방법을 약간씩 조정하면서 최상의 맛을 유지해 왔습니다.

결국, 메뉴 개발은 단순히 요리법을 고민하는 것이 아니라, 고객이 원하는 것을 정확히 파악하고, 이를 충족시키기 위한 끊임없는 연구와 변화의 과정입니다. 저희 서린낙지는 앞으로도 고객들의 입맛을 선도하고, 항상 새로움과 변화를 제공하는 메뉴 개발을 통해 계속해서 성장해 나갈 것입니다.

# 2.

## 고객 분석:
## 타겟 고객의 이해와 맞춤형 서비스

식당을 운영하는 데 있어 고객 분석은 사업의 성패를 가르는 중요한 요소입니다. 아무리 맛있는 음식을 제공하더라도, 고객의 니즈를 정확하게 파악하지 못하면 장기적인 성공을 이루기 어렵습니다. 서린낙지가 오늘날의 위치에 오를 수 있었던 이유 중 하나는, 고객의 성향과 행동을 깊이 이해하고 그에 맞춰 맞춤형 서비스를 제공해 온 덕분입니다. 고객 한 명 한 명이 원하는 것을 정확히 파악하고, 그에 따른 서비스를 제공하는 것이 저희의 핵심 전략이었습니다.

### 타겟 고객의 철저한 이해

서린낙지의 주요 고객층은 서울 도심의 직장인들입니다. 특히 서린낙지가 위치한 곳은 대형 오피스 빌딩이 밀집한 지역으로, 저희는 점심과 저녁시간에 많은 직장인들이 방문하는 경향을 확인했습니다. 이러한 오피스 상권의 특성상 주말 장사에 한계가 있지만, 이 평일 고객들의 마음을 잡는다면 주말에 가족 식사 또는 모임장소가 될 수 있습니다. 이 직장인들은 빠르고 간편한 식사를 원할 때도 있고, 때로는 하루의 스트레스를 풀 수 있는 매운 음식을 찾기도 합니다. 저희는 이러한 고객 특성을 파악하여, 직장인들의 요구에 맞춘 메뉴와 서비스를 기획하게 되었습니다.

고객 분석에서 가장 중점을 둔 부분은 그들이 식사 시간에 원하는 것을 정확히 파악하는 것이었습니다. 직장인들은 점심시간에 한정된 시간 내에 식사를 마쳐야 하기 때문에, 신속한 서비스와 균형 잡힌 메뉴를 선호합니다. 이를 바탕으로 저희는 점심시간에 더욱 빠르게 제공할 수 있는 메뉴를 마련했고, 고객들이 원하는 메뉴를 빠르게 제공할 수 있도록 주방과 서빙 시스템을 최적화했습니다. 반대로, 저녁시간에는 하루의 피로를 풀기 위해 서린낙지를 찾는 고객들이 많기 때문에, 이때는 좀 더 편안하고 느긋하게 식사를 즐길 수 있는 분위기를 조성하는 데 신경을 썼습니다.

또한, 직장인들이 스트레스를 풀 수 있도록 매운맛을 강조한 메뉴를 개발했습니다. 매운 낙지 볶음은 피로를 풀고 활력을 주는 음식으로 인식되었고, 이를 선호하는 고객들이 늘어나면서 대표 메뉴로 자리 잡게 되었습니다. 하지만 고객의 입맛은 제각각 다양하다 보니, 매운맛의 강도를 세분화하여 고객이 자신의 기호에 맞춰 주문할 수 있도록 했습니다. 이를 통해 다양한 고객층의 입맛을 만족시킬 수 있었습니다.

### 맞춤형 서비스 제공의 필요성

서린낙지의 성공 요인 중 하나는, 고객 한 명 한 명에게 맞춤형 서비스를 제공해 왔다는 점입니다. 고객이 식사를 하는 동안 단순히 음식을 제공하는 데 그치지 않고, 그들이 개인적으로 특별한 대우를 받고 있다고 느낄 수 있도록 세심한 배려를 기울였습니다. 예를 들어, 저희는 단골 고객의 이름을 기억하고, 그들의 선호에 맞는 매운맛의 낙지 볶음을 제공했습니다. 이러한 세심한 맞춤형 서비스는 고객들에게 차별화된 경험을 제공했고, 그들이 매장을 다시 찾도록 만드는 데 중요한 역할을 했습니다.

또한 고객이 처음 서린낙지를 방문했을 때도 그들의 요구를 빠르게 파악하여 맞춤형 서비스를 제공하려고 노력했습니다. 고객들이 처음 방문할 때는 메뉴 특성상 메뉴 선택이 어려울 수 있기 때문에, 저희는 그들의 입맛이나 기호에 맞는 메뉴를 추천하는 것을 중요하게 생각했습니다. 처음 방문하는 많은 고객들이 낙지볶음과 베이컨소시지를 왜 같이 먹는지 의아해하기 때문에 충분한 설명을 통해 고객들이 식사를 시작하기 전부터 그들의 기호를 파악하고, 그에 맞는 서비스를 제공하는 것이 고객 만족도를 높이는 중요한 전략이었습니다.

고객 응대의 기본은 인사지만, 메뉴 주문 시 대부분의 소통은 마무리가 됩니다. 그 짧은 시간 동안 고객에게 최대한 좋은 기억을 남겨야 합니다.

맞춤형 서비스는 단순히 한 번의 방문으로 끝나지 않습니다. 고객들이 저희 매장을 다시 방문할 때마다 그들이 느꼈던 만족감을 다시 제공하고, 그들이 특별히 대우받고 있다는 느낌을 지속적으로 심어 주는 것이 저희의 목표였습니다. 이를 위해 직원들은 고객의 취향과 요구를 기억하고, 매번 그들의 기대를 충족시키는 서비스를 제공하려고 노력했습니다. 이러한 방식은 충성 고객을 만드는 데 매우 효과적이었으며, 고객들이 저희 서린낙지를 꾸준히 찾게 만드는 중요한 요인이 되었습니다.

**데이터 기반의 고객 분석과 맞춤형 서비스**

최근에는 데이터 기반의 고객 분석을 통해 더 정밀한 맞춤형 서비스를 제공하고 있습니다. 예전에는 고객과의 직접적인 소통을 통해 그들의 요구를 파악했다면, 이제는 데이터 분석을 통해 고객들의 행동 패턴을 더욱 명확하게 이해할 수 있게 되었습니다. 고객들이 자주 방문하는 시간대, 선호하는 메뉴, 주문 빈도 등을 데이터로 분석하였습니다. 이를 통해 고객 맞춤형 서비스가 더욱 정교해졌고, 고객 만족도를 크게 향상시킬 수 있었습니다.

예를 들어, 다양한 메뉴를 팔기보다는 언제 방문하셔도 늘 한결같은 맛으로 승부수를 던졌고 그 덕에 많은 분들이 꾸준히 찾아 주십니다.

### 고객 분석과 서비스의 미래

저희는 앞으로도 고객 분석을 통해 개인화된 서비스를 더욱 강화할 계획입니다. 기술의 발전과 함께, 데이터 분석의 정확성은 더욱 높아지고 있으며, 이를 바탕으로 고객의 개별적인 요구에 더 잘 대응할 수 있는 서비스 전략을 구축할 수 있게 되었습니다. 저희는 고객의 행동 패턴을 분석하는 데 그치지 않고, 그들이 느끼는 감정이나 요구를 깊이 이해하고, 이를 바탕으로 고객이 서린낙지에서 최고의 경험을 할 수 있도록 노력할 것입니다.

또한 고객과의 긴밀한 소통을 통해 그들의 피드백을 지속적으로 수집하고, 이를 서비스 개선에 반영할 것입니다. 고객의 의견을 경청하고 그들의 요구에 민감하게 반응하는 것이, 고객 만족도를 유지하고 충성 고객을 확보하는 데 있어 가장 중요한 요소라고 생각합니다. 앞으로도 저희는 고객의 요구를 철저히 분석하고, 그에 맞춘 맞춤형 서비스를 제공함으로써 서린낙지가 더욱 발전하고 고객들에게 사랑받는 식당으로 남을 수 있도록 노력할 것입니다. 고객 분석을 통한 맞춤형 서비스는 경쟁력을 높이는 핵심 전략이며, 이를 바탕으로 고객들과의 신뢰를 쌓아 나가고, 그들이 기대하는 것 이상의 경험을 제공함으로써 지속적인 성장을 이룰 것입니다.

# 3.

# 상권 분석:
# 성공적인 입지 선택의 비밀

상권 분석은 식당 창업에서 가장 중요한 첫 단계 중 하나입니다. 아무리 맛있는 음식을 제공하고 뛰어난 서비스를 갖추더라도, 잘못된 상권 선택은 치명적인 결과를 초래할 수 있습니다. 서린낙지가 처음 자리를 잡고 이후 성장할 수 있었던 주요 이유 중 하나는 바로 상권 분석에 대한 철저한 준비와 입지 선택의 전략적 접근이었습니다.

### 유동인구와 상권 특성 파악

서린낙지의 창업 초기에는 서울의 도심에 위치한 상권을 선택하는 것이 가장 중요한 목표였습니다. 특히, 저희는 직장인들이 많이 몰리는 오피스 상권을 선택함으로써 직장인 고객층을 자연스럽게 확보할 수 있었습니다. 이 과정에서 가장 중요하게 고려한 것은 유동인구였습니다. 역세권에 위치한 장소를 찾되, 단순히 사람들이 지나가는 곳이 아니라 실제로 사람들이 모이는 상권을 선택했습니다. 서린낙지의 초기 입지가 직장인들이 퇴근 후 간편하게 들를 수 있는 곳이었기에, 이들은 자연스럽게 저희의 주요 고객층이 되었습니다.

또한, 유동인구뿐만 아니라 고객의 행동 패턴도 면밀히 분석했습니다. 예를 들어, 주중에는 주로 점심과 저녁에 직장인들이 방문하지만, 주말에는 가족 단위 고객들이 증가하는 패턴을 확인할 수 있었습니다. 이를 통해 저희는 평일과 주말에 서로 다른 서비스를 제공하는 전략을 수립하게 되었습니다. 특히, 가족 단위 고객을 위해 주차 공간을 확보하고, 가족이 편안하게 식사할 수 있는 좌석 배치를 고민한 것이 효과적이었습니다.

### 임대료와 보증금: 리스크 관리

성공적인 상권 분석에서 중요한 또 다른 요소는 임대료와 보증금입니다. 저희는 사업 초기부터 리스크 관리를 철저히 했습니다. 매출을 안정적으로 유지하기 위해서는 적정 수준의 월세와 보증금을 선택하는 것이 중요했으며, 초기에 너무 큰 공간을 선택하기보다는 소규모 내실 경영에 중점을 두었습니다. 평수가 커지면 그만큼 월세 부담이 커지고, 그에 따라 매출 압박도 증가할 수 있기 때문에 저희는 중소형 매장으로 시작해 점진적으로 확장하는 전략을 선택했습니다.

보증금과 임대료는 상권의 특성에 따라 달라지기 때문에, 너무 비싼 지역에 무리하게 진출하기보다는 가성비가 좋은 상권을 선택하는 것이 중요했습니다. 저희는 가족 단위 고객과 직장인을 동시에 겨냥할 수 있는 상권을 찾았고, 그 과정에서 주변의 유사한 매장들과 비교하며 상권의 가치를 평가했습니다. 싸면 이유가 있고, 비싸면 그만한 이유가 있다는 원칙을 바탕으로, 매장의 가치를 철저히 검토하여 합리적인 결정을 내릴 수 있었습니다.

### 경쟁 분석과 차별화 전략

성공적인 상권 분석에서 또 한 가지 중요한 점은 경쟁업체 분석입니다. 저희는 상권 내 경쟁 업체들을 철저히 분석하고, 그들과 어떻게 차별화할 것인지에 대한 전략을 세웠습니다. 특히, 근처에 비슷한 음식점을 운영하는 업체들이 많을 때는 서린낙지만의 강점과 독창성을 강조하는 것이 중요했습니다. 서린낙지만의 맛을 유지하는 동시에, 고객들에게 독특한 경험을 제공하는 데 주력했습니다.

경쟁 상권에 비해 저희가 제공할 수 있는 가치는 무엇인지, 또 고객들이 저희를 선택해야 하는 이유가 무엇인지에 대한 고민이 끊임없이 이루어졌습니다. 이를 통해 경쟁이 치열한 상권에서도 차별화된 메뉴와 서비스로 고객들의 발길을 잡을 수 있었습니다. 또한, 주변 식당들이 잘되지 않는 이유를 분석하며, 그들이 놓치고 있는 부분을 저희가 어떻게 보완할 수 있을지 고민한 결과, 고객 맞춤형 서비스와 독창적인 맛을 앞세운 전략이 성공적으로 작용했습니다.

### 상권의 미래 가치와 확장 가능성

창업 초기부터 단기적인 성공에만 집중하지 않고, 상권의 장기적인 성장 가능성을 고려했습니다. 서린낙지의 첫 번째 상권이 직장인 위주로 구성된 곳이었다면, 이후 확장 과정에서는 보다 다양한 고객층을 확보할 수 있는 미래 가치가 높은 상권을 선택했습니다. 특히, 재개발이나 상권 변화의 가능성이 있는 지역은 미래 가치를 높게 평가받을 수 있기 때문에, 이러한 지역에 대한 분석을 지속적으로 수행했습니다.

또한, 지역사회와의 연결도 중요한 요소였습니다. 저희는 단순히 유동인구가 많은 상권을 넘어서, 그 지역 주민들과 긴밀한 관계를 형성하기 위해 노력했습니다. 지역사회의 주요 행사나 이벤트에 적극 참여하며, 지역 주민들이 자연스럽게 서린낙지를 찾을 수 있도록 했습니다. 이를 통해 저희는 지역 내에서 신뢰받는 브랜드로 자리 잡을 수 있었고, 장기적으로 지속 가능한 성장을 이룰 수 있었습니다.

상권 분석은 식당 창업에서 필수적인 단계로, 단순히 유동인구나 입지 조건을 평가하는 것을 넘어서, 경쟁업체 분석, 임대료 리스크 관리, 미래 성장 가능성 등을 고려해야 합니다. 저희 서린낙지는 이러한 철저한 상권 분석을 바탕으로 고객들에게 최상의 경험을 제공하며, 앞으로도 더욱 확장 가능한 상권에서 성공을 이어 나갈 것입니다.

## 4.

## 인테리어:
## 음식의 맛을 더욱 돋보이게 하는 공간

인테리어는 식당 운영에서 매우 중요한 요소입니다. 그 이유는 고객들이 음식을 맛보는 것뿐만 아니라 공간에서 느끼는 분위기와 경험이 음식의 맛에 직접적인 영향을 미치기 때문입니다. 서린낙지의 인테리어는 이러한 관점을 철저히 반영해 설계되었습니다. 단순히 아름답고 깔끔한 공간을 넘어서, 음식의 본연의 맛을 돋보이게 하고 고객이 편안하게 머물 수 있는 환경을 조성하는 데 중점을 두었습니다.

## 맛을 돋보이게 하는 공간 디자인

서린낙지가 인테리어에서 가장 중점을 둔 부분은 음식과 공간의 조화입니다. 음식을 더 맛있게 보이도록 시각적인 조화를 이루는 것이 중요했습니다. 이를 위해 식당 내의 조명, 색상, 가구 배치가 음식과 자연스럽게 어우러지도록 신경 썼습니다.

먼저, 조명은 음식의 색감을 돋보이게 하는 핵심 요소입니다. 낙지 볶음과 같은 강렬한 색감의 음식을 강조하기 위해, 테이블 위에 적당한 조명을 배치해 음식이 선명하고 생동감 있게 보이도록 했습니다. 적절한 조명은 고객의 시각적 즐거움을 극대화시키고, 음식을 더 맛있게 느끼도록 만듭니다.

또한, 브랜드의 이미지를 만드는 색상과 가구 디자인에도 신경을 썼습니다. 벽과 가구의 색상은 차분하고 자연스러운 톤으로 설정하여 음식의 화려한 색상이 더 두드러지도록 했습니다. 복잡한 장식은 배제하고, 단순하지만 정갈한 디자인을 통해 고객들이 시각적으로 편안함을 느낄 수 있도록 했습니다. 이러한 방식은 고객들이 음식을 더 집중해서 즐길 수 있는 환경을 제공합니다.

## 고객 동선을 고려한 실용적 설계

인테리어의 또 다른 중요한 측면은 고객 동선의 효율성입니다. 아무리 아름다운 공간이라도 고객이 편안하게 이동하지 못하거나, 식사하는 동안 불편함을 느낀다면 전체적인 경험이 저하될 수밖에 없습니다. 저희는 이를 방지하기 위해 효율적인 동선 설계에 많은 신경을 썼습니다.

특히 주방과 홀 사이의 동선을 직선화 하여, 음식을 신속하게 서빙 할 수 있도록 했습니다. 이를 통해 음식의 신선함과 온도를 유지하면서 고객에게 빠르게 제공할 수 있었습니다. 음식이 주방에서 고객의 테이블로 전달되는 시간이 짧아지면, 자연스럽게 고객의 만족도도 높아지게 됩니다.

## 브랜드 이미지와 일관된 인테리어

인테리어는 또한 서린낙지의 브랜드 이미지를 표현하는 중요한 요소입니다. 저희 서린낙지는 음식의 전통적인 가치를 유지하면서도 현대적인 감각을 더한 브랜드로 자리 잡고 있습니다. 이를 인테리어에서도 반영하고자 전통과 현대의 조화를 강조한 디자인을 선택했습니다. 예를 들어, 한국적인 전통을 느낄 수 있는 소박한 요소를 현대적이고 깔끔한 디자인과 결합해, 고객들이 서린낙지에서 단순한 식사 이상의 경험을 하도록 했습니다.

이러한 인테리어는 고객들에게 저희 브랜드가 추구하는 철학을 시각적으로 전달하는 데 중요한 역할을 합니다. 또한, 고객들은 인테리어를 통해 서린낙지가 제공하는 음식과 서비스에 대한 기대감을 더욱 높일 수 있었습니다. 브랜드와 일치하는 공간 디자인은 고객들이 서린낙지에 대해 느끼는 신뢰를 강화하는 데 큰 역할을 했습니다.

**고객의 편의를 고려한 세심한 배려**

　인테리어에서 중요한 또 다른 요소는 고객 편의성입니다. 저희는 고객들이 식사하는 동안 더 편안하고 즐거운 시간을 보낼 수 있도록 다양한 배려를 했습니다. 예를 들어, 테이블 크기와 의자의 높이는 고객이 음식을 더 편안하게 즐길 수 있도록 신경 써서 선택했습니다.

　특히 고객이 음식을 기다리는 동안 편안하게 머무를 수 있는 대기 공간을 마련한 것도 중요한 요소였습니다. 이러한 세심한 배려는 고객들이 서린낙지에서 더 나은 경험을 하도록 돕는 중요한 요소입니다.

　결국, 인테리어는 단순한 미적 요소를 넘어, 고객 경험을 풍부하게 만드는 중요한 요소입니다.

# 식당 창업 마케팅 : 성공적인 첫걸음

# 1.

## 초기 마케팅 전략:
## 브랜드 인지도 높이기

　식당 창업 초기에는 브랜드 인지도를 높이는 전략이 가장 중요합니다. 새로운 식당이 성공적으로 자리 잡기 위해서는 고객들이 식당을 인식하고, 이를 기억에 남기게 만드는 것이 필수적입니다. 특히, 경쟁이 치열한 외식업계에서는 고객에게 강렬한 첫인상을 주고, 고객이 자연스럽게 식당을 찾도록 유도하는 것이 성공의 열쇠입니다. 따라서 초기 마케팅은 브랜드의 정체성을 확립하고, 고객들과의 신뢰를 쌓아 가는 중요한 첫 걸음입니다.

## 첫인상의 중요성: 브랜드 아이덴티티와 공간 활용

식당 창업에서 첫인상은 고객이 브랜드에 대한 이미지를 형성하는 첫 단계입니다. 고객이 처음 방문할 때 느끼는 경험은 식당을 다시 찾을지 결정하는 중요한 기준이 됩니다. 따라서 창업 초기에 고객이 식당에 대해 긍정적인 첫인상을 가질 수 있도록 공간 디자인, 메뉴 구성, 서비스 품질까지 모든 부분을 신중히 준비해야 합니다.

브랜드를 성공적으로 알리기 위해서는 매장 내부와 외부의 디자인이 브랜드의 아이덴티티를 반영해야 합니다. 예를 들어, 전통 요리를 현대적인 감각으로 재해석한 식당이라면, 인테리어 역시 전통적인 요소와 현대적인 디자인을 결합해 브랜드의 성격을 시각적으로 드러낼 수 있습니다. 또한, 매장 외관과 간판은 멀리서도 눈에 띌 수 있도록 명확하고 심플하게 디자인하는 것이 좋습니다. 고객들이 매장을 지나가다 쉽게 인식하고, 호기심을 갖고 들어오게 만드는 것이 중요합니다.

내부 공간은 고객 동선을 고려해 설계하는 것이 필수입니다. 고객들이 매장에 들어와 자리를 잡고, 편안하게 음식을 즐길 수 있도록 테이블 간의 간격과 조명의 위치, 소음 수준까지 고려해야 합니다. 특히, 고객이 테이블에서 느끼는 편안함은 재방문 여부를 결정짓는 중요한 요인이 됩니다. 이처럼 매장 디자인과 인테리어는 고객의 감각을 자극하여 브랜드 이미지를 각인시키는 데 큰 역할을 합니다.

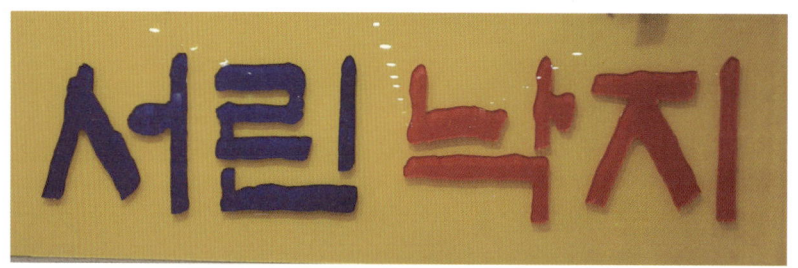

(사진 간판)

### 브랜드 스토리로 차별화된 이미지 구축

　브랜드 스토리는 초기 마케팅에서 고객의 마음을 사로잡는 강력한 도구입니다. 식당이 제공하는 음식만큼이나 그 음식에 담긴 이야기는 고객들에게 특별한 의미를 전달할 수 있습니다. 예를 들어, 식당 창업자가 어떤 철학을 가지고 요리를 하게 되었는지, 음식에 담긴 전통적인 가치나 현대적 해석이 무엇인지 등을 브랜드 스토리로 만들어 고객과 감정적인 연결을 형성하는 것이 중요합니다. 그래서 저희는 '서린 실비집' 시절에 아버지가 운영하던 이야기가 방송, 온라인 매체 등을 통해 자연스럽게 알려질 수 있도록 스토리텔링에도 신경을 쓰게 되었습니다. 그리고 고객들 스스로 서린낙지의 이야기들을 온 오프라인으로 소개하면서 새로운 고객층을 만드는 데 큰 힘을 발휘하게 됩니다.

이렇듯 브랜드 스토리는 다양한 형태로 고객들에게 전달될 수 있습니다. 그러다 보니 식당 내부의 메뉴판에 간단한 설명을 추가하거나, 웹사이트와 소셜 미디어를 통해 브랜드의 이야기를 상세히 전하는 방식이 효과적입니다. 고객들이 단순히 맛있는 음식을 먹는 경험을 넘어, 식당이 추구하는 철학과 가치에 공감하게 된다면, 식당은 고객에게 더 특별한 의미로 자리 잡게 됩니다. 이를 통해 고객들은 단순히 식사를 위한 곳이 아니라, 의미와 경험이 있는 공간으로 식당을 기억하게 됩니다.

특히, 스토리텔링을 통해 차별화된 이미지를 구축하면, 고객은 브랜드에 더 강한 인상을 받습니다. 음식의 맛뿐만 아니라, 그 음식에 얽힌 이야기가 고객의 기억에 남아, 다른 경쟁업체와 비교했을 때 독특한 정체성을 갖춘 브랜드로 자리 잡을 수 있습니다.

> 종로에서만 3대째, 재개발로 3번 이사하면서도 종로 안 떠나
> 낙지와 섞어 먹는 베이컨보샤지, 이 집의 30년 넘은 별미
> 이런 외상으로 손목시계 맡기던 남편은 없지만 단골은 여전

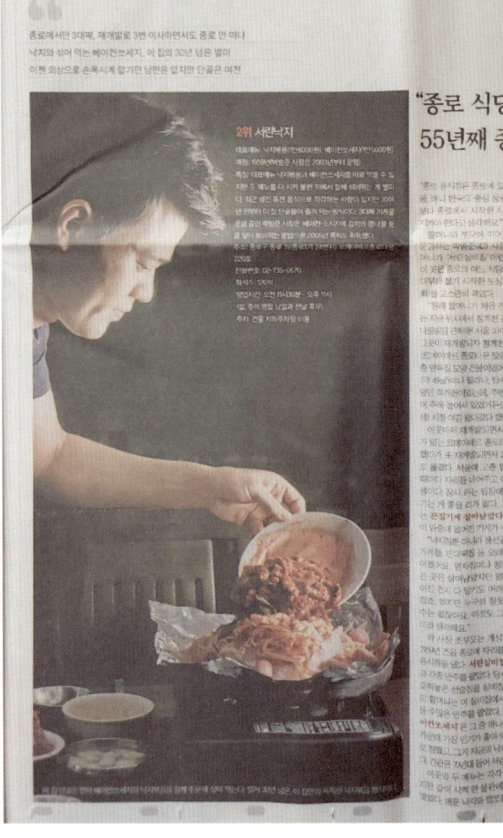

## "종로 식당은 종로에 있어야죠"
## 55년째 종로를 고집하는 이유

### 타겟 고객 맞춤형 메뉴 구성

초기 마케팅에서 타겟 고객을 명확히 설정하고, 그에 맞는 메뉴 구성을 제공하는 것은 매우 중요한 전략입니다. 식당은 모든 고객을 만족시킬 수는 없으므로, 특정 고객층을 명확히 타겟팅하여 그들의 취향에 맞는 메뉴를 제공함으로써 충성 고객을 확보할 수 있습니다.

예를 들어, 식당이 직장인 고객을 주요 타겟으로 삼는다면, 점심시간에 빠르고 간편하게 먹을 수 있는 메뉴를 제공하면서도, 포만감과 맛을 동시에 충족시킬 수 있는 음식을 개발하는 것이 좋습니다. 반대로 저녁 시간대에는 직장인의 피로를 풀어 줄 수 있는 메뉴를 구성하는 것이 효과적입니다. 매운 음식이나 강렬한 맛을 좋아하는 고객층을 겨냥한 메뉴는 퇴근 후 스트레스를 풀기 위한 고객들의 요구를 만족시킬 수 있습니다.

### 적절한 가격 전략과 첫 방문 혜택

가격 전략은 초기 마케팅에서 고객의 방문을 유도하는 중요한 요소입니다. 적절한 가격 설정은 고객이 처음으로 식당을 방문하는 데 있어 진입 장벽을 낮추는 효과가 있습니다. 고객들은 새로운 식당을 시도할 때 가격에 민감할 수 있기 때문에, 합리적이고 접근 가능한 가격을 설정하는 것이 중요합니다.

또한, 창업 초기에는 첫 방문 고객에게 제공하는 혜택을 고민해 볼 만합니다. 예를 들어, 첫 방문 고객에게 할인 혜택이나 특별 세트 메뉴를 제공함으로써 고객이 첫 경험을 부담 없이 시도할 수 있게 도와주는 것이 효과적입니다. 이를 통해 고객들이 첫 방문에서 좋은 경험을 한다면, 정상 가격으로도 다시 방문할 가능성이 높아집니다.

초기에는 프로모션이나 세트 메뉴를 활용해, 고객들이 식당의 다양한 메뉴를 경험할 수 있도록 유도하는 것도 좋은 방법입니다. 이를 통해 고객은 식당의 대표 메뉴뿐만 아니라 다양한 맛을 경험하며, 만족스러운 경험을 얻게 됩니다. 이러한 경험은 고객이 재방문할 동기부여가 될 수 있습니다. 서린낙지도 초기 모델이 실비집 형태였던 것을 생각해 보면 다양한 메뉴와 부담 없는 가격은 매우 중요한 창업 초기전략으로 구성되어야 합니다.

## 고객과의 소통: 피드백과 서비스 개선

　초기 마케팅에서는 고객들과의 소통이 매우 중요합니다. 고객이 식당에서 겪은 경험을 피드백을 통해 듣고, 이를 개선하는 과정은 브랜드에 대한 신뢰를 쌓는 중요한 방법입니다. 특히, 고객이 불편을 겪거나 서비스에 개선이 필요한 부분을 제기할 경우, 이를 빠르게 해결하고 적절한 피드백을 제공하는 것이 좋습니다.

　서비스가 난무하는 외식업계에 우리는 '고객관계'라는 엄청난 무기를 사용했습니다. 초기에는 고객 피드백을 바탕으로 서비스를 개선하고, 그들의 요구에 맞춰 변화하는 것이 중요합니다. 고객이 느끼는 불편함이나 개선 요구 사항을 무시하지 않고 적극적으로 반영하면, 고객은 자신이 중요한 존재로 대우받고 있다는 느낌을 받을 수 있습니다. 이러한 상호작용은 고객과의 관계를 돈독하게 하고, 충성 고객으로 발전시키는 데 중요한 역할을 합니다.

　또한, 고객들에게 감사 이벤트나 재방문 혜택을 제공하는 것보다 중요한 것은 고객 관계를 강화하는 것입니다. 예를 들어 저희는 단골들에게 쿠폰, 서비스 메뉴 등이 제공되지 않고 있습니다. 대신 단골의 결혼, 아이 돌, 단골의 가족애경사를 고객에게 듣게 되면 사연에 따라 돈을 받지 않거나 공감을 하는 식으로 단순히 식당에 가는 것이 아닌 친한 지인의 집에 놀러가는 듯한 느낌을 받게 합니다.

고객 관계의 시작은 재방문을 기억하는 것입니다. 재방문한 고객임을 기억하는 것만으로도 고객은 특별한 대우를 받는 느낌을 가집니다. 그만큼 고객을 기억하고 관심을 가지는 것이 중요합니다.

**입소문과 지속적인 관심 유도**

입소문 마케팅은 초기 마케팅에서 강력한 효과를 발휘할 수 있습니다. 고객들이 식당에서 받은 경험이 긍정적일 경우, 그들은 자연스럽게 주변 사람들에게 식당을 추천하게 됩니다. 특히, 가족, 친구, 동료들과 함께 찾을 수 있는 공유형 메뉴나 단체 이벤트를 통해 여러 명이 함께 방문할 수 있는 기회를 제공하는 것이 입소문을 확산시키는 데 효과적입니다.

식당 창업 초기에는 브랜드 인지도를 높이기 위한 다양한 전략이 필요합니다. 첫인상, 브랜드 스토리, 타겟 맞춤형 메뉴 구성, 가격 전략, 그리고 고객과의 소통을 통해 고객에게 강력한 첫 경험을 제공해야 합니다. 이러한 초기 전략을 통해 식당은 고객에게 기억에 남는 장소로 자리 잡고, 충성 고객을 확보하는 중요한 기반을 다질 수 있습니다.

# 2.

## 이벤트와 프로모션:
## 고객 유치와 유지

　식당 창업에서 성공적인 마케팅 전략을 구축하기 위해서는 이벤트와 프로모션이 매우 중요한 역할을 합니다. 이벤트와 프로모션은 고객들에게 흥미로운 이유를 제공함으로써 매장 방문을 유도하고, 브랜드 인지도를 높이는 데 기여합니다. 단순히 가격 할인만을 제공하는 것이 아니라, 고객에게 독특한 경험을 제공하고 그들의 관심을 끌어 재방문을 유도하는 것이 핵심입니다. 이를 통해 신규고객을 유치하고 기존 고객을 유지하며 충성도를 높일 수 있습니다.

### 이벤트: 고객 경험의 차별화

이벤트는 단순한 마케팅 활동을 넘어서, 고객에게 특별한 경험을 제공하는 중요한 기회입니다. 이벤트를 효과적으로 활용하면, 고객들이 브랜드에 대해 더 깊은 인상을 받게 되고, 재방문율이 높아지게 됩니다.

이벤트는 고객들에게 기억에 남는 경험을 제공하는 동시에, 그들이 식당을 더 자주 방문하게 만드는 매개체가 될 수 있습니다. 또한, 이벤트를 통해 고객들의 참여를 유도함으로써, 그들이 단순히 소비자가 아닌, 브랜드의 일부로 느끼도록 만들 수 있습니다.

### 프로모션: 고객 유치와 만족도를 높이는 전략

프로모션은 신규고객을 유치하고 기존 고객을 유지하는 데 있어 매우 효과적인 도구입니다. 초기 창업 단계에서 프로모션은 고객들이 식당을 쉽게 경험할 수 있는 기회를 제공하는 중요한 전략입니다. 특히 첫 방문 고객에게 특별한 혜택을 제공하면, 그들이 새로운 식당을 시도하는 데 부담을 덜 느끼게 됩니다.

첫 방문 고객에게 할인 쿠폰을 제공하거나, 친구 추천 이벤트를 통해 기존 고객이 신규고객을 데려올 수 있도록 하는 것도 좋은 방법입니다. 이러한 프로모션은 고객들에게 금전적인 혜택뿐만 아니라, 긍정적인 첫 경험을 제공합니다. 고객이 첫 방문에서 만족스러운 경험을 하게 되면, 이후 재방문으로 이어질 가능성이 높아집니다.

또한, 충성 고객 프로그램을 도입해, 여러 번 방문한 고객들에게 리워드를 제공하는 것도 좋은 전략입니다. 고객들이 일정 금액 이상 소비하거나, 여러 번 방문할 때마다 혜택을 제공하면, 그들은 자연스럽게 식당을 자주 방문하게 됩니다. 이러한 프로그램은 고객들에게 특별 대우를 받는다는 느낌을 주어, 브랜드 충성도를 강화하는 데 기여할 수 있습니다. 단 오래된 노포의 경우는 이런 프로모션보다는 우리집만의 서비스전략과 충성 고객을 관리하는 노하우가 더 중요한 성공요인이 됨을 잊지 말아야 합니다.

### 타겟 맞춤형 이벤트

이벤트와 프로모션은 타겟 고객에 맞춰 설계되어야 합니다.

고객층이 다양할 경우, 각 그룹의 특성에 맞는 이벤트를 기획해 맞춤형 경험을 제공하는 것이 중요합니다. 맞춤형 이벤트는 고객들에게 필요한 혜택을 제공함으로써 그들의 만족도를 높이고, 더 자주 방문할 수 있도록 유도합니다.

또한, 고객의 생활 패턴에 맞춰 이벤트의 시간을 조정하는 것도 중요합니다. 예를 들어, 늦은 저녁에 주로 방문하는 고객층을 겨냥해 늦은 시간대 할인이나, 특정 요일에만 제공되는 특별 메뉴를 통해 고객들에게 한정된 기회를 강조하는 방법도 있습니다. 고객들은 이러한 한정된 기회에 더 매력을 느끼고, 그 시간대에 맞춰 식당을 방문하게 될 가능성이 높습니다.

### SNS와 연계한 이벤트 확산

소셜 미디어(SNS)를 연계한 이벤트는 현대 마케팅에서 필수적인 전략입니다. 이벤트와 프로모션을 통해 고객의 매장 방문을 유도할 뿐만 아니라, 그들이 해당 이벤트를 소셜 미디어에 자발적으로 공유하도록 유도하면 더 큰 효과를 볼 수 있습니다. 예를 들어, 고객들이 매장 내에서 찍은 사진을 해시태그와 함께 SNS에 올리면, 이를 통해 더 많은 사람들이 해당 이벤트에 대해 알게 되고, 추가적인 방문을 유도할 수 있습니다.

또한, 이벤트를 통해 팔로워 수를 늘리고, 이를 기반으로 장기적인 소통 채널을 확보할 수 있습니다. SNS에서 고객들과의 상호작용을 강화하면, 그들이 이벤트 종료 후에도 지속적으로 브랜드를 기억하고, 추후의 프로모션에도 자연스럽게 참여하게 될 것입니다.

### 이벤트와 프로모션의 지속적인 관리

이벤트와 프로모션은 한 번의 캠페인으로 끝나는 것이 아니라, 지속적으로 관리하고 발전시켜야 합니다. 고객들의 반응을 분석하고, 그들의 요구와 트렌드를 반영한 새로운 이벤트와 프로모션을 지속적으로 기획하는 것이 중요합니다. 예를 들어, 특정 이벤트가 고객들에게 큰 호응을 얻었다면, 이를 정기적으로 진행하거나, 더욱 확대된 혜택을 제공하는 방식으로 발전시킬 수 있습니다.

또한, 이벤트 종료 후 피드백을 적극적으로 수집해, 고객들의 만족도를 분석하고, 이후 이벤트에 반영하는 것도 중요한 관리 전략입니다. 고객들은 자신이 참여한 이벤트나 프로모션에서 느낀 점을 공유할 수 있으며, 이를 통해 식당은 고객의 요구를 더 잘 파악하고, 보다 효과적인 마케팅 전략을 세울 수 있습니다.

이벤트와 프로모션은 고객 유치와 유지에 있어 매우 중요한 역할을 합니다. 단순히 가격 할인을 넘어, 고객에게 특별한 경험을 제공하고, 그들이 브랜드와 감정적으로 연결될 수 있도록 만드는 것이 핵심입니다. 타겟 고객에 맞춘 맞춤형 이벤트와 프로모션을 통해 고객의 관심을 끌고, 그들이 브랜드의 충성 고객으로 성장할 수 있도록 유도하는 것이 식당 창업 마케팅의 성공적인 첫걸음입니다.

# 3.

## 네트워킹과
## 지역사회 참여의 중요성

　식당 창업 초기에는 브랜드 인지도를 높이는 다양한 마케팅 전략이 필요하지만, 그 중에서도 네트워킹과 지역사회 참여는 장기적으로 매우 중요한 요소로 작용합니다. 외식업은 단순히 맛있는 음식을 제공하는 것만으로는 충분하지 않으며, 고객과의 깊은 관계 형성과 지역 사회와의 밀접한 연결이 필수적입니다. 성공적인 식당 운영은 고객과의 신뢰 구축, 지역사회와의 상생을 바탕으로 발전합니다.

## 네트워킹의 힘: 외부 관계 구축

네트워킹은 창업자가 외부와의 관계를 통해 새로운 기회를 얻고, 브랜드 인지도를 높이는 데 중요한 역할을 합니다. 창업 초기에는 다른 외식업계 종사자나 업계 전문가들과 네트워킹을 통해 조언을 얻고, 잠재적인 협업 기회를 모색할 수 있습니다. 예를 들어, 외식업계 행사나 세미나에 참여해 다양한 사람들과 교류하면서 시장 동향을 파악하고, 비즈니스에 적용할 수 있는 트렌드를 빠르게 이해할 수 있습니다.

네트워킹은 단순히 사업적 기회를 넘어, 지속적인 성장을 위한 멘토를 찾는 과정이기도 합니다. 창업자는 경험이 풍부한 외식업계 전문가로부터 조언을 얻어, 초기 운영에서의 시행착오를 줄이고 안정적인 성장을 도모할 수 있습니다. 또한, 경쟁업체와의 협력도 네트워킹을 통해 이루어질 수 있습니다. 예를 들어, 지역 내의 다른 식당과 협력해 공동 프로모션을 진행하거나, 식재료 공동 구매를 통해 비용을 절감하는 등 상생할 수 있는 방안을 모색할 수 있습니다.

### 지역사회 참여: 지역 고객과의 유대감 형성

지역사회와의 밀접한 연결은 외식업체가 장기적으로 생존하고 성장하는 데 필수적인 요소입니다. 식당이 지역 주민들 사이에서 사랑받고, 지역 사회의 일원으로 자리 잡는 것이 매우 중요합니다. 이를 위해 창업자는 다양한 방법으로 지역사회에 기여하고, 지역 주민들과의 유대감을 형성해야 합니다.

첫 번째 방법은 지역 행사나 축제에 참여하는 것입니다. 지역 축제나 행사에서 특별 메뉴를 제공하거나 식음료 후원을 통해 식당을 알릴 수 있습니다. 이런 방식은 지역 주민들이 식당을 쉽게 접할 수 있는 기회를 제공하며, 자연스럽게 브랜드 인지도를 높입니다. 예를 들어, 지역 내의 자선 행사에 음식을 제공하거나, 지역 사회 발전을 위한 프로그램에 적극적으로 참여함으로써 사회적 책임을 다하는 이미지를 구축할 수 있습니다.

또한, 지역 사회 기여 활동을 통해 브랜드에 대한 호감도를 높일 수 있습니다. 예를 들어 지역 내 어려운 이웃에게 음식을 제공하거나, 지역 봉사 활동에 참여하는 것도 좋은 방법입니다. 장마철 수혜를 입은 주민들을 돕는 봉사활동을 하거나 명절에 지역 어르신들에게 식사대접을 하는 것은 매우 중요한 행사가 됩니다. 이러한 활동은 지역 주민들이 해당 식당을 단순한 외식 장소가 아닌, 지역 사회에 공헌하는 중요한 일원으로 인식하게 만듭니다.

### 로컬 마케팅 전략: 지역 특성에 맞춘 접근

지역 사회와의 밀접한 관계를 형성하기 위해서는 로컬 마케팅 전략을 적용하는 것이 중요합니다. 각 지역은 그 지역만의 고유한 특성과 요구가 있기 때문에, 이러한 요소들을 반영한 마케팅 전략을 수립하는 것이 필수적입니다. 예를 들어, 지역내 인구구성비, 소득수준과 지역색에 맞는 메뉴를 구성하고 특화된 서비스를 제공하는 방식을 도입해야 합니다. 전주의 막걸리 특화거리의 경우 막걸리를 한 주전자를 시킬 때마다 안주를 3종 서비스로 주는 형태도 여기에 해당합니다. 서울이라면 불가능하지만 물가, 음식문화, 주류문화를 반영한 지역메뉴의 특색을 잘 보여 주는 사례가 됩니다.

또한 인구구성비율을 고려할 때는, 가족 단위가 많이 거주하는 지역이라면 가족 단위 고객을 위한 특별 메뉴나 아이 친화적인 공간을 제공하는 것이 유리합니다. 반면, 직장인이 많은 지역에서는 점심시간에 맞춘 간편하고 빠른 메뉴를 구성하거나, 퇴근 후 방문하는 고객을 위한 저녁 할인 이벤트를 기획하는 것이 효과적입니다. 이렇게 지역 주민의 생활 패턴과 요구에 맞춘 맞춤형 마케팅은 고객들이 식당을 더 자주 찾게 만드는 중요한 요소가 됩니다.

### 장기적인 관계 형성: 지역 내 충성 고객 만들기

지역 사회에 깊이 뿌리를 내리고 성장하기 위해서는 장기적인 관계 형성이 필수적입니다. 이를 위해서는 한 번 방문한 고객이 계속해서 식당을 찾도록 유도하는 충성 고객 관리가 필요합니다. 하지만 충성 고객을 만드는 시간이 많이 들다 보니 지역커뮤니티에 들어가는 것은 좋은 예가 됩니다. 우리나라 민족성 중에 가장 큰 특징은 정(情)의 민족이라는 겁니다. 지역별로 있는 조기축구회, 테니스동호회, 종교단체, 봉사단체 등에 소속이 되어서 이웃사촌전략을 만드는 것을 추천합니다. 매장으로 찾아올 고객을 이웃사촌으로 만든다면 다양한 혜택을 만들 수 있습니다. 물론 충성 고객을 만들겠다는 마음보다는 지역사회에 녹아 든다는 전략으로 시작하시길 권해드립니다.

### 지역 상권과의 협력: 상생을 통한 성장

마지막으로, 지역 내의 다른 상권과의 협력도 매우 중요한 요소입니다. 외식업은 지역 내 다양한 상업 활동과 상호 연관되어 있기 때문에, 다른 업종과의 협력을 통해 더 큰 시너지를 발휘할 수 있습니다. 예를 들어, 지역 내의 소매업체나 서비스업체와의 공동 마케팅을 통해 고객들에게 패키지 혜택을 제공하는 방식이 있습니다. 이를 통해 고객들은 한 곳에서 다양한 혜택을 누릴 수 있으며, 각 업체는 더 많은 고객을 유치하는 효과를 얻을 수 있습니다. 그래서 생겨난 서비스가, 식사한 매장은 정해진 카페에서 커피나 음료를 마시면 시간한정 할인을 하는 전략을 가장 많이 사용하기도 합니다. 이렇게 식사 이후 동선의 매장 간 협업이나 건물 내 협업, 시장 내 협업 등 다양한 사례를 만들 수 있습니다.

지역 사회와의 협력은 단기적인 판매 증가뿐만 아니라, 지역 경제 활성화에도 기여할 수 있습니다. 식당이 지역 경제와 상생하는 구조를 만들면, 지역 주민들은 식당에 대한 신뢰와 애정을 더욱 크게 가지게 됩니다. 또한, 지역 내의 다양한 업종과의 네트워킹을 통해 지속적으로 성장하고, 새로운 기회를 발굴할 수 있습니다.

결국, 네트워킹과 지역사회 참여는 식당 창업 초기부터 장기적인 성공을 위해 필수적인 요소입니다. 외부와의 네트워킹을 통해 성장 기회를 발견하고, 지역사회와의 연결을 통해 충성 고객을 확보하는 것이 성공의 기반이 됩니다. 지역 주민들과의 유대감을 형성하고, 지역 경제와 상생하는 구조를 만드는 것은 식당이 지속적으로 성장하고, 고객들에게 사랑받는 브랜드로 자리 잡는 데 큰 기여를 할 것입니다.

Chapter 5

# 온라인 마케팅 : 디지털 시대의 필수 전략

# 1.

## SNS 활용법:
## 인스타그램과 페이스북 마케팅

　디지털 시대에서 소셜 미디어(SNS)는 외식업계에서 빠질 수 없는 핵심 마케팅 도구로 자리 잡았습니다. 그중에서도 인스타그램과 페이스북은 음식점을 운영하는 데 있어 가장 효과적인 플랫폼으로 평가받고 있습니다. 각 플랫폼은 서로 다른 특성과 사용자층을 가지고 있으며, 그에 맞는 전략을 세워 브랜드 인지도를 높이고 고객과의 상호작용을 강화하는 것이 중요합니다. 특히 시각적 요소가 중요한 음식업계에서, 이들 SNS는 강력한 시각적 스토리텔링을 제공할 수 있는 효과적인 마케팅 채널입니다.

## 인스타그램 마케팅: 시각적 스토리텔링의 강력함

　인스타그램은 비주얼 중심의 플랫폼으로, 음식을 시각적으로 매력적으로 보여 주는 것이 핵심입니다. 음식점을 홍보하는 데 있어 고화질의 음식 사진과 짧은 동영상은 고객의 눈길을 끌고, 그들의 식욕을 자극하는 데 매우 효과적입니다. 음식의 색감과 질감을 강조하고, 이를 통해 감각적인 경험을 제공하는 것이 인스타그램 마케팅의 기본 전략입니다.

　첫 번째로, 시각적 콘텐츠의 퀄리티를 높이는 것이 필수적입니다. 고객들은 음식 사진이 생동감 있고 신선하게 보이길 기대합니다. 이를 위해 조명, 각도, 배경을 세심하게 신경 쓰는 것이 중요합니다. 예를 들어, 자연광을 활용한 사진은 음식의 질감과 색감을 잘 살릴 수 있으며, 배경은 음식의 특성을 돋보이게 하면서도 복잡하지 않은 깔끔한 느낌을 주는 것이 좋습니다. 그래서 매장의 테이블은 단색을 사용하는 게 좋습니다. 만약 테이블이 단색이 아니라 패턴이 있다면 접시나 그릇은 단색을 사용해서 음식 사진이 잘 나올 수 있게 세팅해야 합니다. 음식의 조리 과정을 담은 짧은 영상이나 다양한 시점에서 찍은 사진은 고객들에게 음식이 얼마나 신선하고 정성스럽게 만들어지는지 보여 줄 수 있습니다.

두 번째로는 일관된 브랜드 이미지와 피드 구성입니다. 인스타그램 피드는 브랜드의 얼굴과도 같기 때문에, 전체적인 분위기와 색감을 일관되게 유지하는 것이 중요합니다. 예를 들어, 서린낙지의 경우 빨간색의 매운맛을 강조한다면 그 색깔을 메인으로 일관된 분위기의 연출이 필요합니다. 중구난방으로 내가 찍고 싶은 것을 찍어서 올리는 게 아니라 고객들이 우리 브랜드를 인지할 수 있도록 컨셉과 포인트컬러, 또는 메인 컬러를 잘 살려서 인스타 피드를 만들어야 합니다. 저도 말은 이렇게 하지만 실제로 실패한 대표적인 사례이니 이 책을 읽는 분들도 잘 참고해서 만드시길 바랍니다.

고객은 브랜드의 인스타그램 피드를 통해 브랜드의 이미지를 직관적으로 느끼게 되며, 이는 고객의 기억 속에 오래 남게 됩니다. 브랜드가 지속적으로 전달하고자 하는 가치와 메시지가 콘텐츠 전반에 반영되어야 하며, 이는 고객에게 신뢰감을 줄 수 있습니다.

세 번째로는 인스타그램 스토리와 릴스(Reels) 기능을 적극 활용하는 것입니다. 스토리는 게시물처럼 영구적으로 남지 않지만, 고객들과 실시간 소통을 할 수 있는 중요한 수단입니다. 스토리를 통해 일일 스페셜 메뉴나 이벤트 소식을 즉각적으로 알리거나, 고객들이 새로운 메뉴 개발에 참여할 수 있는 투표 기능을 활용하면 고객의 참여도가 높아집니다. 릴스는 짧고 임팩트 있는 동영상으로 조리 과정이나 신메뉴 소개, 직원들의 일상을 보여 주는 데 효과적입니다. 이러한 동영상 콘텐츠는 인스타그램 알고리즘을 통해 더 많은 사용자에게 노출될 가능성이 높기 때문에, 잠재 고객을 끌어들이는 데도 큰 도움이 됩니다.

네 번째 전략은 사용자 생성 콘텐츠(UGC)를 유도하는 것입니다. 인스타그램 사용자들이 자신들의 경험을 공유하도록 유도하는 것은 자연스럽게 브랜드 홍보로 이어집니다. 예를 들어, 고객들이 식당에서 찍은 사진을 특정 해시태그와 함께 업로드하도록 장려하거나, 리그램(게시물 공유)을 통해 고객들의 콘텐츠를 재활용하는 것도 좋은 방법입니다. 이러한 사용자 생성 콘텐츠는 신뢰성을 높이고, 잠재 고객에게 실제 경험을 전달하는 강력한 도구가 됩니다. 만약 여기까지 읽었는데 도저히 잘할 수 없다고 판단이 되면 전문가의 도움을 받는 것을 추천

합니다. 서린낙지의 경우는 이런 전체 세팅을 초기에 교육받고 실습하고 전문가와 함께 동반 성장하는 쪽을 선택하다 보니 이제는 자력으로 원하는 채널을 운영하는 노하우를 갖게 되었습니다.

### 페이스북 마케팅: 다양한 고객층과의 소통

페이스북은 다양한 연령층과의 소통에 강점을 지닌 플랫폼입니다. 특히 중장년층이 활발히 사용하는 페이스북은, 가족 단위 고객이나 직장인 고객을 대상으로 한 타겟 마케팅에 효과적입니다. 페이스북에서는 다양한 형태의 콘텐츠를 제공할 수 있으며, 이를 통해 고객과 깊이 있는 소통을 이어 갈 수 있습니다.

첫 번째로, 페이스북은 글과 사진, 동영상 등 다양한 콘텐츠 포맷을 제공하기 때문에, 보다 심층적인 브랜드 스토리를 전달하는 데 유리합니다. 예를 들어, 인스타그램이 주로 시각적인 매력을 강조하는 반면, 페이스북에서는 음식에 담긴 이야기, 레시피 배경 등을 글로 설명하여 브랜드의 철학과 가치를 고객들에게 더 깊이 전달할 수 있습니다. 고객들은 브랜드에 대해 더 많은 정보를 얻게 되며, 이는 신뢰감을 형성하는 데 중요한 역할을 합니다.

두 번째로, 페이스북 광고를 활용하는 것이 효과적입니다. 페이스북의 정교한 타겟팅 기능은 연령, 성별, 위치, 관심사 등을 기준으로 매우 세분화된 고객에게 맞춤형 광고를 노출할 수 있게 해 줍니다. 예를 들어, 특정 지역의 직장인을 대상으로 점심 특선 메뉴나 행사를 광고하거나, 가족 단위 고객을 겨냥한 주말 스페셜 메뉴를 홍보할 수 있습니다. 또한, 페이스북은 광고 예산을 효율적으로 관리할 수 있도록 도와주기 때문에, 초기 창업자들에게 적은 예산으로도 높은 효율을 기대할 수 있는 유용한 도구입니다.

세 번째로, 페이스북 그룹을 활용한 커뮤니티 형성입니다. 고객들과의 장기적인 관계를 형성하기 위해, 단골 고객이나 특정 고객 그룹을 위한 전용 커뮤니티를 만들 수 있습니다. 이 그룹을 통해 고객들에게 특별 혜택을 제공하거나, 그들만을 위한 신메뉴 시식회나 이벤트 초대 등을 진행할 수 있습니다. 고객들은 자신이 특별한 대우를 받는다는 느낌을 받으며, 이는 브랜드에 대한 충성도를 높이는 데 매우 효과적입니다.

### 인스타그램과 페이스북 연계 전략

인스타그램과 페이스북은 서로 연동된 플랫폼으로, 두 채널을 효과적으로 결합해 활용하면 강력한 마케팅 도구로 작용할 수 있습니다. 인스타그램에서 올린 게시물이나 스토리를 페이스북과 자동 연동하여 더 넓은 고객층에 도달할 수 있으며, 페이스북 광고를 통해 인스타그램에도 동시에 광고를 운영할 수 있어 광고 비용을 효율적으로 사용할 수 있습니다.

또한, 각 플랫폼의 특성을 고려한 콘텐츠 전략도 필요합니다. 예를 들어, 인스타그램에서는 비주얼 중심의 콘텐츠로 고객의 관심을 끌고, 페이스북에서는 더 깊이 있는 정보와 스토리를 통해 신뢰를 쌓는 방식입니다. 인스타그램에서 관심을 끈 고객이 페이스북에서 브랜드에 대해 더 많은 정보를 얻고 충성 고객으로 발전할 수 있도록 두 플랫폼을 상호 보완적으로 운영하는 것이 중요합니다.

### 성공적인 SNS 마케팅을 위한 팁

SNS 마케팅에서 중요한 것은 일관성과 지속성입니다. 정기적으로 게시물을 올리고, 고객들과 꾸준히 소통하는 것이 매우 중요합니다. 또한, 고객 피드백을 적극적으로 수용하고, 그들의 의견을 반영하는 콘텐츠를 제작함으로써 참여도를 높일 수 있습니다. 이를 통해 고객들은 브랜드에 대한 소속감을 느끼고, 재방문율이 높아질 것입니다.

결국, 인스타그램과 페이스북은 외식업에서 디지털 시대에 필수적인 마케팅 도구입니다. 두 플랫폼의 특성을 잘 이해하고, 이를 활용한 맞춤형 콘텐츠 전략을 통해 고객과의 관계를 강화하고 브랜드 인지도를 높이는 것이 성공적인 온라인 마케팅의 핵심입니다. 시각적 매력과 깊이 있는 소통을 결합한 SNS 마케팅 전략은 디지털 시대에서 식당의 경쟁력을 한층 더 높여줄 것입니다.

# 2.

## 온라인 리뷰 관리:
## 평판 관리와 고객 소통

온라인 리뷰는 식당의 평판을 결정하는 중요한 요소입니다. 디지털 시대에 고객들은 방문한 식당의 리뷰를 남기고, 다른 잠재 고객들은 이러한 리뷰를 기반으로 방문 여부를 결정합니다. 따라서 온라인 리뷰는 단순히 고객의 피드백을 받는 창구가 아니라, 브랜드 이미지와 고객 신뢰를 관리하는 중요한 마케팅 도구입니다. 이 섹션에서는 온라인 리뷰 관리가 식당의 평판 관리와 고객과의 소통에서 얼마나 중요한 역할을 하는지 살펴보겠습니다.

## 평판 관리: 온라인상에서의 첫인상

온라인에서 첫인상을 결정하는 것은 대부분 리뷰입니다. 리뷰가 긍정적이라면 잠재 고객들이 그 식당에 대한 신뢰를 형성하게 되며, 부정적 리뷰가 많다면 방문을 망설이게 됩니다. 따라서 온라인 리뷰 관리에서 가장 중요한 첫 단계는 긍정적인 리뷰를 최대한 많이 확보하는 것입니다. 이를 위해서는 고객들이 식당에서 긍정적인 경험을 할 수 있도록 일관된 서비스와 맛을 제공하는 것이 필수적입니다.

하지만 모든 고객이 항상 긍정적인 리뷰만 남기는 것은 아닙니다. 부정적인 리뷰가 발생했을 때, 신속한 대응이 중요합니다. 부정적인 리뷰를 무시하거나 회피하는 대신, 이를 문제를 해결하는 기회로 삼아야 합니다. 고객의 불만 사항에 대해 진심으로 사과하고, 문제 해결을 위한 구체적인 조치를 설명하는 것이 좋습니다. 이 과정에서 고객이 자신의 목소리가 반영되었고, 식당이 이를 개선하려고 한다는 점을 느끼면, 나쁜 경험도 긍정적인 관계로 전환될 수 있습니다. 또 하나의 방법은 더 많은 긍정적인 리뷰를 쌓는 건데 이때 반드시 고객들의 리뷰만을 기다리지는 않기를 바랍니다. 스스로 방법을 찾는 것을 권해드립니다. 마케팅은 스스로 답을 찾는 자들이 다양한 해답지를 얻는다는 것을 저희도 몸소 경험하면서 성장했습니다.

특히 리뷰 응답은 모든 고객에게 공개되기 때문에, 하나의 응답이 단순히 그 고객만을 위한 것이 아니라 다른 잠재 고객들에게도 전달된다는 사실을 염두에 두어야 합니다. 예를 들어, "불편을 드려 죄송합니다. 앞으로는 더 나은 서비스 제공을 위해 이 문제를 개선하겠습니다."와 같은 공개적인 사과와 해결 의지는, 부정적인 경험을 한 고객뿐만 아니라 다른 고객들에게도 신뢰감을 주는 중요한 전략입니다. 단, 블랙컨슈머의 경우는 이야기가 다릅니다. 의도를 가지고 불만을 표시하거나 말도 안 되는 억지를 쓰는 경우는 다른 해결책을 권해드립니다. 세상의 모든 고객이 반드시 고객대우를 받을 필요는 없습니다. 상식선에서 판단하고 댓글을 달거나 신고를 하는 것은 사장님들의 판단이 중요할 것이라고 생각합니다.

### 고객과의 소통: 리뷰를 통해 관계 강화하기

리뷰는 단순히 고객의 피드백을 받아들이는 창구가 아니라, 고객과의 소통을 강화하는 도구입니다. 온라인 리뷰를 통해 고객과 소통함으로써, 고객 참여를 유도하고, 충성 고객으로 발전시킬 수 있습니다. 예를 들어, 고객들이 긍정적인 리뷰를 남겼을 때, 그에 대해 감사의 메시지를 남기고, 그들이 좋아하는 메뉴나 경험에 대해 더 구체적으로 언급하면, 고객들은 자신이 소중하게 여겨진다는 느낌을 받게 됩니다.

또한, 고객이 남긴 리뷰에서 메뉴나 서비스에 대한 구체적인 피드백을 적극 반영함으로써, 고객에게 그들의 의견이 실제로 반영되었다는 인식을 심어줄 수 있습니다. 예를 들어, 특정 메뉴가 너무 짜다는 피드백이 많다면, 메뉴를 개선하거나 고객에게 더 다양한 선택지를 제공하는 등의 방법으로 피드백을 반영할 수 있습니다. 이렇게 적극적인 피드백 수용은 고객들에게 식당이 고객 중심적인 접근을 취하고 있음을 보여 주며, 이는 장기적으로 충성 고객을 확보하는 데 큰 도움이 됩니다.

리뷰를 관리하는 과정에서 특별한 이벤트나 프로모션을 통해 고객의 리뷰 참여를 장려할 수도 있습니다. 예를 들어, 특정 기간 동안 리뷰를 남긴 고객에게 할인 쿠폰을 제공하거나, 가장 상세한 리뷰를 남긴 고객에게 특별한 혜택을 제공하는 등의 방식으로, 리뷰 참여도를 높일 수 있습니다. 이러한 활동은 고객들이 자발적으로 리뷰를 작성하도록 유도하고, 이는 리뷰의 양과 질을 동시에 개선하는 데 기여합니다.

**부정적인 리뷰에 대한 대처**

부정적인 리뷰는 피할 수 없지만, 이를 어떻게 대처하는가에 따라 브랜드 이미지가 결정됩니다. 부정적인 리뷰에 대응할 때는 감정적으로 반응하기보다는, 이성적으로 문제를 해결하는 태도가 필요합니다. 고객의 불만 사항을 구체적으로 파악하고, 이에 대한 해결책을 제시하는 과정에서 고객에게 진정성을 전달하는 것이 핵심입니다.

또한, 고객의 기대와 실제 경험 사이의 차이를 좁히는 방법을 찾아야 합니다. 예를 들어, 서비스 속도가 느렸다는 리뷰가 반복적으로 나타난다면, 이는 단순한 일회성 문제가 아니라 근본적인 운영상의 문제일 가능성이 큽니다. 이럴 때는 내부적으로 서비스 개선을 위한 시스템을 점검하고, 그 결과를 리뷰에 반영해 고객들에게 개선된 점을 알리는 것이 좋습니다.

이와 함께, 부정적인 리뷰는 단순히 문제를 지적하는 것을 넘어서, 식당 운영의 약점을 보완하는 중요한 기회로 작용할 수 있습니다. 리뷰를 분석해 반복적으로 나타나는 문제를 파악하고, 이를 체계적으로 개선함으로써 서비스 질을 향상시키는 전략을 세울 수 있습니다. 고객들은 식당이 자신들의 피드백을 존중하고 반영하는 모습을 보면서 신뢰를 얻게 되며, 이는 이후의 방문으로 이어질 가능성이 높습니다.

### 리뷰를 통한 마케팅 기회 창출

긍정적인 리뷰는 그 자체로 마케팅 도구가 될 수 있습니다. 고객들이 남긴 긍정적인 리뷰는 다른 잠재 고객들에게 큰 영향을 미칠 수 있기 때문에, 이를 적절히 활용하는 것이 중요합니다. 예를 들어, 리뷰 중에서 특별히 긍정적이고 인상적인 부분을 소셜 미디어나 웹사이트에 공유함으로써, 다른 고객들이 이를 보고 긍정적인 이미지를 형성할 수 있도록 할 수 있습니다.

또한, 리뷰에서 언급된 특정 메뉴나 서비스가 반복적으로 칭찬을 받는다면, 이를 마케팅 메시지로 사용해 차별화된 강점을 강조할 수 있습니다. 예를 들어, "고객들이 가장 사랑하는 메뉴" 또는 "리뷰에서 5성 평가를 받은 최고의 서비스"와 같은 메시지를 통해, 고객들이 자연스럽게 해당 메뉴나 서비스를 경험하고 싶도록 유도할 수 있습니다. 이러한 리뷰 기반 마케팅은 고객의 실제 경험을 바탕으로 하고 있기 때문에, 더욱 신뢰성 있는 메시지로 작용할 수 있습니다.

**장기적인 평판 관리 전략**

온라인 리뷰 관리는 단기적인 대응뿐만 아니라, 장기적인 평판 관리 전략의 일부로 생각해야 합니다. 식당의 평판은 시간이 지남에 따라 쌓이는 것이므로, 지속적으로 리뷰를 관리하고 개선하는 노력이 필요합니다. 이를 위해 정기적인 리뷰 모니터링과 고객 피드백 분석을 통해, 리뷰에 대한 반응과 고객의 요구를 꾸준히 반영해야 합니다.

장기적인 평판 관리는 또한 고객 충성도와도 직결됩니다. 고객들이 남긴 리뷰에 대해 신속하고 성실하게 대응하는 모습을 지속적으로 보여 주면, 그들은 자연스럽게 식당에 대한 신뢰를 가지게 되며, 이는 재방문과 입소문 마케팅으로 이어질 수 있습니다. 특히, 충성 고객들이 남긴 리뷰는 브랜드에 대한 긍정적인 증거가 되므로, 이를 잘 관리하고 활용하는 것이 중요합니다.

결론적으로, 온라인 리뷰 관리는 단순한 피드백 수용을 넘어, 고객과의 소통을 강화하고 평판을 체계적으로 관리하는 중요한 도구입니다. 리뷰를 통해 고객과의 관계를 유지하고, 부정적인 피드백에 대해서도 문제 해결의 기회로 삼음으로써, 식당의 신뢰와 인지도를 높이는 장기적인 마케팅 전략을 구축할 수 있습니다.

# Chapter 6

# 밀키트 만드는 방법 :
# 집에서도 맛보는 서린낙지

# 1.

## 밀키트 개발 과정:
## 품질 유지와 간편함의 조화

밀키트는 고객들이 서린낙지의 맛을 집에서도 간편하게 즐길 수 있도록 하기 위해 저희가 심혈을 기울여 개발한 제품입니다. 매장에서 경험할 수 있는 특유의 맛과 품질을 집에서도 그대로 느낄 수 있게 하면서, 동시에 조리 과정의 간편함을 제공하는 것이 핵심 과제였습니다.

밀키트 개발에 있어 가장 중요한 목표는 서린낙지의 맛을 손상시키지 않으면서도 고객들이 누구나 손쉽게 요리할 수 있는 제품을 만드는 것이었습니다. 이를 위해 저희는 품질 유지와 간편함이라는 두 가지 요소를 완벽하게 결합하는 데 중점을 두었습니다.

## 품질 유지: 매장에서의 신선한 맛을 집에서도 그대로

저희 서린낙지는 신선한 재료와 특유의 맛으로 오랫동안 고객들의 사랑을 받아 왔습니다. 이러한 고유의 맛을 밀키트를 통해 고객들이 집에서도 동일하게 경험할 수 있도록 하기 위해, 저희는 무엇보다 재료의 신선도를 유지하는 것에 많은 노력을 기울였습니다. 신선도가 떨어지면 음식의 맛과 질감이 크게 달라지기 때문에, 고객이 밀키트를 받았을 때도 최상의 상태로 유지될 수 있도록 하는 것이 가장 중요했습니다.

밀키트에 사용하는 재료들은 매장에서 사용하는 것과 동일한 품질을 유지합니다. 저희는 최고의 신선도를 보장하기 위해 엄선된 공급망을 통해 재료를 조달하고, 저온 유통 시스템을 도입하여 신선한 상태로 재료를 유지할 수 있도록 했습니다. 특히, 낙지와 같은 해산물은 신선도가 맛의 핵심이기 때문에, 산지에서 바로 수급해 고객에게 신속히 배송될 수 있도록 했습니다. 또한, 포장 기술을 강화하여 배송 과정에서 음식의 신선함이 보존될 수 있도록 여러 가지 방법을 적용했습니다.

저희는 진공 포장과 산소 차단 포장을 통해 재료가 산화되지 않고 신선하게 보관될 수 있도록 합니다. 이를 통해 고객은 밀키트를 받아 볼 때 마치 매장에서 바로 만들어진 음식을 받는 듯한 신선함을 느낄 수 있습니다. 저희가 사용하는 포장 기술은 단순히 재료를 보호하는 데 그치지 않고, 음식의 맛을 최상의 상태로 유지하기 위한 중요한 과정입니다.

**맛의 일관성: 매장에서의 조리 과정을 밀키트로 구현**

밀키트를 통해 서린낙지의 정통 맛을 그대로 재현하는 것이 또 다른 중요한 목표였습니다. 밀키트를 사용한 요리에서 고객이 기대하는 것은 매장에서 느꼈던 맛의 일관성입니다. 하지만 집에서 요리할 경우, 전문적인 주방에서 사용하는 방식과는 다를 수밖에 없기 때문에, 집에서도 매장과 같은 맛을 낼 수 있도록 밀키트를 설계하는 데 많은 고민이 있었습니다.

저희는 특히 양념과 소스의 비율을 맞추는 데 많은 노력을 기울였습니다. 서린낙지의 대표 메뉴인 낙지 볶음은 매운맛과 감칠맛의 균형이 중요한데, 이를 밀키트로 제공하면서도 집에서 손쉽게 조리할 수 있도록 양념 비율을 조정했습니다.

고객이 밀키트를 조리하는 과정에서 전문적인 기술이 없어도 서린낙지의 맛을 쉽게 구현할 수 있도록, 저희는 단계별 조리법을 상세하게 설명하고 있습니다. 단순한 조리 지침과 함께 각 단계별 사진을 제공하여, 처음 밀키트를 사용하는 고객도 쉽게 따라 할 수 있도록 했습니다. 저희는 고객들이 요리에 자신감을 가질 수 있도록 돕고 있으며, 이를 통해 집에서도 전문 요리사가 만든 것 같은 결과를 얻을 수 있도록 지원하고 있습니다.

### 간편함: 누구나 쉽게 만들 수 있는 밀키트

밀키트의 또 다른 중요한 요소는 바로 간편함입니다. 저희는 고객들이 복잡한 조리 과정 없이 간단하고 빠르게 음식을 완성할 수 있도록 만드는 데 중점을 두었습니다. 아무리 맛이 좋아도 조리 과정이 복잡하면, 고객들이 밀키트를 사용하는 데 부담을 느낄 수 있기 때문입니다. 따라서 저희는 밀키트를 누구나 쉽게 조리할 수 있도록 설계하고, 고객이 전문 요리사가 아니더라도 서린낙지의 맛을 완벽하게 재현할 수 있도록 돕고 있습니다.

저희는 미리 손질된 재료를 제공하여 고객이 요리할 때 최소

한의 준비 작업만으로 음식을 만들 수 있게 했습니다. 예를 들어, 낙지 볶음 밀키트는 낙지가 미리 손질된 상태로 제공되며, 양념 역시 따로 포장되어 있어 고객은 이를 바로 섞어 조리하기만 하면 됩니다. 이러한 단계별로 준비된 재료는 요리 과정을 단순하게 만들어 주며, 바쁜 일상 속에서도 간편하게 요리를 완성할 수 있도록 도와줍니다.

또한, 저희는 조리 시간을 단축하기 위해 모든 재료를 미리 준비된 상태로 제공하고 있으며, 고객이 요리를 시작하는 순간부터 빠르게 조리할 수 있는 환경을 제공합니다. 이를 통해 고객들은 집에서 요리할 때도 스트레스 없이 음식을 완성할 수 있으며, 특히 시간이 부족한 직장인 고객에게 큰 호응을 얻고 있습니다.

### 고객 피드백을 반영한 지속적인 개선

저희는 밀키트 개발 초기부터 고객의 피드백을 적극적으로 반영해 왔습니다. 고객들이 밀키트를 사용하면서 느낀 불편함이나 개선점에 대한 피드백을 통해, 밀키트를 지속적으로 업그레이드하고 있습니다. 예를 들어, 어떤 고객들은 양념의 강도나 조리 과정의 간편함에 대한 의견을 주셨고, 이를 반영하여 더 다양한 옵션을 제공하거나, 조리법을 더욱 간단하게 개선했습니다.

이러한 고객과의 소통은 저희 밀키트가 더욱 완성도 높은 제품으로 발전하는 데 큰 도움이 되었습니다. 고객들의 의견을 존중하고, 이를 반영하여 지속적으로 제품을 개선하는 과정에서 고객들은 서린낙지가 고객 중심적인 브랜드라는 인식을 가지게 되었으며, 이는 충성 고객 확보로 이어지고 있습니다. 저희는 앞으로도 고객과의 지속적인 소통을 통해 제품을 더욱 발전시켜 나갈 계획입니다.

## 밀키트의 장기적인 성장 가능성

저희는 밀키트가 단기적인 유행에 그치는 것이 아니라, 외식업계의 중요한 성장 전략으로 자리 잡을 수 있다고 믿고 있습니다. 고객들이 언제 어디서나 서린낙지의 맛을 즐길 수 있는 밀키트는, 바쁜 현대인들에게 시간 절약과 품질 높은 음식을 동시에 제공하는 최고의 솔루션입니다. 또한, 밀키트는 저희 서린낙지가 더 넓은 고객층과 소통할 수 있는 기회를 제공하며, 이를 통해 매장 방문 고객 뿐만 아니라 전국적으로 브랜드를 확산시킬 수 있는 중요한 도구로 자리 잡았습니다.

결국, 저희 서린낙지의 밀키트는 품질 유지와 간편함을 성공적으로 결합한 결과입니다. 고객들이 집에서도 서린낙지의 맛을 동일하게 경험할 수 있도록, 신선한 재료와 최상의 포장 기술을 적용했으며, 간편한 조리 과정을 통해 누구나 쉽게 요리할 수 있는 환경을 제공하고 있습니다. 앞으로도 고객들의 피드백을 반영하여 밀키트를 지속적으로 개선해 나가며, 서린낙지의 맛을 더 많은 고객들이 언제 어디서나 즐길 수 있도록 최선을 다하겠습니다.

# 2.

## 생산과 유통:
## 효율적인 공급망 구축

　밀키트 사업의 성공을 위해서는 효율적인 생산과 유통망이 필수적입니다. 저희 서린낙지는 밀키트의 생산과 유통 전 과정에서 최상의 품질을 유지하면서도 효율적인 운영을 목표로 하고 있습니다. 신선한 재료를 고객에게 빠르게 전달하는 것뿐만 아니라, 이를 효율적인 공급망을 통해 안정적으로 공급함으로써 고객이 언제든지 집에서 서린낙지의 맛을 간편하게 즐길 수 있도록 하고 있습니다.

## 생산 과정의 최적화: 품질과 신속성의 조화

밀키트의 핵심은 신선한 재료와 일관된 맛입니다. 저희는 서린낙지 매장에서 사용되는 것과 동일한 최고의 재료를 밀키트 생산에도 사용하고 있으며, 이를 위해 생산 공정은 최대한 신속하고 효율적으로 운영됩니다.

우선, 생산 과정에서의 주요 도전 과제는 재료의 신선도를 유지하면서도 대량 생산의 효율성을 확보하는 것입니다. 신선한 낙지, 채소, 그리고 고유의 양념을 일정한 품질로 대량 생산하기 위해, 저희는 엄격한 품질 관리 시스템을 도입했습니다. 각 재료는 산지에서 바로 수급 된 후 당일 가공하여 신선한 상태를 유지합니다.

또한, 재료의 전 처리 과정을 최적화하여 고객이 집에서 쉽게 요리할 수 있도록 준비하고 있습니다. 저희는 각 재료를 손질된 상태로 밀키트에 포함시킴으로써 고객들이 별도의 준비 과정 없이 빠르게 조리할 수 있도록 했습니다. 예를 들어, 낙지는 미리 손질되어 있고, 채소는 적절한 크기로 썰어져 있습니다. 이러한 전 처리 과정은 고객들에게 편리함을 제공할 뿐만 아니라,

생산 과정에서도 효율성을 높이는 데 중요한 역할을 하고 있습니다.

생산 공정의 또 다른 중요한 부분은 양념 제조 과정입니다. 서린낙지의 특유의 양념은 저희 브랜드의 정체성 중 하나로, 이를 밀키트로 제공할 때도 매장에서의 맛을 그대로 재현하는 것이 매우 중요했습니다. 저희는 일정한 맛을 유지하기 위해 레시피의 정량화를 도입했으며, 이를 통해 매번 동일한 맛을 낼 수 있도록 했습니다. 또한, 양념은 일체 보존료를 첨가하지 않아 매장 그대로의 맛을 구현하고 있습니다.

**유통망의 구축: 신속한 배송과 효율성 극대화**

생산된 밀키트를 고객의 집까지 신속하고 안전하게 전달하는 것도 중요한 과제입니다. 이를 위해 저희는 최적의 유통망을 구축하여, 밀키트가 고객에게 최상의 상태로 도착할 수 있도록 하고 있습니다. 특히 신선한 재료를 사용하는 밀키트의 특성상, 빠른 배송이 매우 중요한 요소입니다.

저희는 배송 과정에서, 재료가 변질되지 않고 신선한 상태로 고객에게 도착할 수 있도록 하고 있습니다. 각 밀키트는 냉동 포장된 상태로 택배를 통해 신속히 발송됩니다.

또한, 저희는 효율적인 물류 관리 시스템을 통해 재고를 최적화하고 있습니다. 밀키트는 고객의 수요에 맞춰 적절한 양을 생산하고, 이를 즉시 유통하는 방식으로 운영됩니다. 실시간 재고 관리 시스템을 통해 생산과 배송의 흐름을 조정하여, 불필요한 재고가 쌓이지 않도록 하며, 이는 신선한 재료를 고객에게 제공하는 데 있어 큰 장점입니다.

**택배사 선택과 물류 파트너십**

저희는 밀키트의 신속하고 안전한 배송을 위해 최적의 택배사와 긴밀히 협력하고 있습니다. 밀키트는 신선한 재료로 구성된 제품이기 때문에, 배송 과정에서의 시간 관리와 품질 유지가 매우 중요합니다. 이를 위해 저희는 엄격한 기준을 바탕으로 배송 파트너를 선정하고 있습니다. 특히 배송 신뢰도와 정시성을 최우선으로 고려하여, 고객들이 주문한 밀키트를 약속된 시간 내에 받아 볼 수 있도록 하고 있습니다.

택배사 선정 과정에서는 여러 요소를 종합적으로 평가합니다. 배송 속도뿐만 아니라 안전한 배송, 고객 서비스 품질 등을 면밀히 검토합니다. 또한 택배사의 배송 네트워크 범위도 중요한 고려 사항입니다. 이는 전국 각지의 고객들에게 균일한 품질의 서비스를 제공하기 위함입니다. 이러한 노력을 통해 저희는 고객이 밀키트를 최상의 신선도와 품질로 받아 볼 수 있도록 최선을 다하고 있습니다. 고객 만족도 향상과 브랜드 신뢰도 제고를 위해, 앞으로도 지속적으로 배송 시스템을 개선해 나갈 계획입니다.

## 고객 피드백과 유통 개선

저희는 유통 과정에서도 고객 피드백을 적극적으로 반영하여, 지속적으로 개선해 나가고 있습니다. 배송 중 발생하는 문제나 고객 불만 사항을 신속히 해결하고, 이를 통해 더 나은 유통 서비스를 제공하기 위해 최선을 다하고 있습니다. 고객의 요구와 기대에 부응하기 위해 배송 품질을 지속적으로 모니터링하고 있으며, 배송 시간이 지연되거나 제품 상태에 문제가 생겼을 때 즉각적으로 조치를 취하는 고객 대응 시스템도 갖추고 있습니다.

이를 통해 고객은 안심하고 서린낙지의 밀키트를 주문할 수 있으며, 저희는 고객과의 신뢰를 바탕으로 유통망을 지속적으로 개선하고 있습니다. 앞으로도 저희는 고객 중심의 유통 서비스를 제공하며, 고객이 서린낙지의 고유한 맛을 집에서 최상의 상태로 즐길 수 있도록 최선을 다할 것입니다.

결론적으로, 서린낙지의 밀키트 생산과 유통 과정은 품질 유지와 효율성을 동시에 추구하는 과정입니다. 신선한 재료를 효율적으로 생산하고, 이를 최적의 유통망을 통해 신속하게 고객에게 전달함으로써, 고객이 언제 어디서나 서린낙지의 고유한 맛을 편리하게 즐길 수 있도록 하고 있습니다.

# 3.

## 고객 피드백을 반영한
## 지속적 개선

저희 서린낙지가 밀키트를 개발하고 성장시켜 나가는 과정에서 가장 중요한 요소 중 하나는 고객 피드백입니다. 고객들이 밀키트를 사용하면서 느낀 점, 개선해야 할 사항, 긍정적인 경험 모두가 지속적인 개선의 밑거름이 됩니다. 이러한 피드백을 적극적으로 반영함으로써 저희는 밀키트를 더욱 발전시키고, 고객들에게 더 나은 경험을 제공할 수 있도록 노력하고 있습니다. 피드백을 바탕으로 한 개선은 제품 자체뿐만 아니라 서비스와 유통 과정에도 반영되며, 이를 통해 고객 만족도를 지속적으로 높이고 있습니다.

저희는 고객의 피드백을 가장 중요한 개선의 도구로 생각하고 있습니다. 밀키트를 사용한 고객들이 직접 남긴 리뷰나 문의사항을 통해 실제 사용 과정에서의 불편함을 파악하고, 이를 개선하는 데 초점을 맞추고 있습니다. 예를 들어, 고객들이 특정 재료의 상태나 배합에 대한 의견을 남긴 경우, 이러한 피드백을 반영해 재료 배합 비율이나 조리 방식을 조정하여 더욱 만족스러운 제품을 제공할 수 있도록 노력해 왔습니다.

밀키트의 재료들은 신선함을 유지하는 것이 가장 중요하지만, 저장성과 유통 과정에서의 품질 유지도 매우 중요한 요소입니다. 고객들은 때때로 특정 재료가 배송 중 신선함을 유지하지 못했다는 피드백을 남기곤 했습니다. 이에 대해 저희는 포장 방식을 개선하고, 냉장 유통 과정을 재점검하여 문제가 발생하지 않도록 조치를 취해 왔습니다. 이러한 과정에서, 고객들이 남긴 세세한 의견들이 제품의 개선에 직접적인 영향을 미치고, 이를 통해 더 나은 품질의 밀키트를 제공할 수 있었습니다.

또한, 고객들이 음식의 맛에 대한 다양한 의견을 제공해 주시는 경우, 이를 바탕으로 맛의 균형을 맞추는 데 중점을 두고 있습니다. 저희는 서린낙지의 고유한 맛을 밀키트를 통해 그대로 전달하는 것을 중요하게 생각하지만, 고객마다 입맛이 다를 수 있음을 인지하고 있습니다. 따라서 고객들의 피드백을 통해 보다 많은 사람들이 만족할 수 있는 맛을 유지하는 것이 큰 과제였습니다. 이러한 피드백을 반영함으로써, 고객들이 집에서도 서린낙지의 맛을 일관되게 경험할 수 있도록 꾸준히 노력하고 있습니다.

### 와디즈 펀딩을 통한 초기 피드백 수집과 개선

저희는 밀키트 제품을 통해 전통의 맛을 더욱 널리 알리고, 신규고객층과 소통하기 위해 와디즈 펀딩 프로젝트를 진행했습니다. 이 프로젝트는 단순히 제품을 출시하는 것을 넘어, 고객들의 피드백을 적극적으로 반영하며 제품을 개선하는 중요한 기회가 되었습니다. 와디즈 펀딩을 통해 저희는 브랜드 인지도를 높이고, 신뢰를 쌓아가며 새로운 도전에 대한 확신을 가질 수 있었습니다.

서린낙지의 첫 번째 와디즈 펀딩 프로젝트는 목표를 훨씬 뛰어넘는 2,074%의 달성율을 기록하며 대성공을 거두었습니다. 이는 초기 목표 금액을 20배 이상 초과 달성한 수치로, 예상치

못한 결과였습니다. 1차 펀딩에서 높은 관심을 받은 이유는 서린낙지가 가진 전통적인 맛에 대한 호기심과, 밀키트라는 새로운 형태의 제품을 통해 서린낙지의 요리를 더 쉽게 경험해 볼 수 있다는 매력 때문이었습니다.

특히 1차 펀딩 후 고객들의 만족도는 5.0 만점에 5.0으로 매우 높은 점수를 받았습니다. 이는 제품의 품질, 맛, 그리고 서린낙지가 제공하는 전반적인 경험에 대한 긍정적인 평가를 의미합니다. 이와 같은 성과는 서린낙지의 밀키트가 단순한 상품이 아니라, 고객들에게 특별한 경험을 제공할 수 있는 잠재력을 지니고 있음을 증명했습니다.

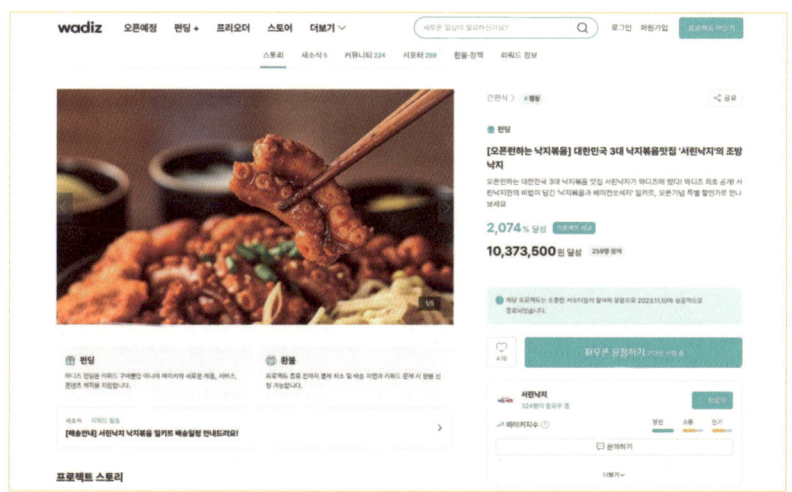

1차 펀딩의 성공을 발판으로, 저희는 2차 펀딩을 진행했습니다. 2차 펀딩에서도 저희는 887%의 높은 달성율을 기록하며 성공적으로 자금을 모았습니다. 2차 펀딩에서는 처음보다 더 다양한 고객층의 관심을 끌었고, 특히 밀키트를 통해 서린낙지의 맛을 처음 접한 신규고객들이 많은 비중을 차지했습니다.

2차 펀딩에서의 성공은 단순히 제품의 품질을 유지하는 것을 넘어, 고객의 피드백을 반영하여 더욱 개선된 제품을 제공했기 때문에 가능했습니다. 예를 들어, 고객들이 원하는 양념의 조절 가능성을 더욱 쉽게 할 수 있도록 스파우트 파우치의 크기와 형태를 개선하고, 포장 상태를 강화하여 신선도를 높였습니다. 이러한 변화는 고객들로부터 긍정적인 반응을 이끌어 냈고, 서린낙지의 브랜드 충성도를 강화하는 데 큰 도움이 되었습니다.

3차 펀딩에서는 672%의 달성율을 기록하며, 여전히 높은 성과를 보였습니다. 3차 펀딩에서는 서린낙지 밀키트가 시장에서 안정적인 위치를 확보하고 있음을 보여 주는 중요한 지표가 되었습니다. 이 시기에는 기존 고객들의 재구매와 함께, 그동안 펀딩을 지켜보던 잠재 고객들의 참여가 증가했습니다.

3차 펀딩을 통해 저희는 밀키트 제품이 고객들의 일상에 깊이 스며들고 있다는 것을 확인할 수 있었습니다. 고객들은 밀키트가 단순한 편리함을 제공하는 것뿐만 아니라, 서린낙지의 전통적인 맛과 정성을 집에서도 느낄 수 있는 특별한 경험을 제공한다고 평가했습니다. 이러한 피드백은 서린낙지의 브랜드 신뢰도를 더욱 높이는 데 기여했습니다.

와디즈 펀딩을 통한 세 번의 성공적인 프로젝트는 단순한 자금 조달의 의미를 넘어서, 고객과의 소통을 강화하고 제품을 지속적으로 개선해 나가는 과정이었습니다. 저희는 와디즈를 통해 수집한 다양한 피드백을 바탕으로, 제품의 품질을 높이고 고객의 요구에 부응하는 방향으로 끊임없이 변화를 추구해 왔습니다.

와디즈 펀딩의 성공을 통해 저희는 브랜드 인지도를 높이고, 신뢰를 쌓으며, 앞으로의 글로벌 확장과 지속 가능한 성장을 위한 확고한 기반을 마련했습니다. 앞으로도 저희는 전통과 현대의 조화를 통해 더 많은 고객들과 함께 성장해 나갈 것입니다.

### 스마트스토어 리뷰를 통한 지속적인 개선 노력

와디즈 펀딩 이후, 저희는 네이버 스마트스토어를 통해 밀키트를 판매하면서 더 많은 고객들의 피드백을 수집할 수 있었습니다. 스마트스토어의 리뷰는 실제로 제품을 사용해 본 고객들이 남긴 솔직한 의견이기 때문에, 제품 개선의 중요한 데이터로 활용되고 있습니다.

고객들은 리뷰를 통해 밀키트의 맛, 재료의 신선도, 포장 상태, 배송 속도 등 다양한 요소에 대해 피드백을 남깁니다. 예를 들어, 일부 고객들이 "양념의 맛이 너무 강하다."는 의견을 남겼을 때, 저희는 즉각적으로 대응하였습니다. 고객의 취향에 맞게 양념의 맛을 조절할 수 있도록 개선을 진행했습니다. 이러한 피드백을 반영해 지속적으로 제품의 품질을 높이는 노력을 기울이고 있습니다.

### 서비스 및 유통 과정의 개선

제품뿐만 아니라, 서비스와 유통 과정에서도 고객 피드백을 반영한 개선이 이뤄지고 있습니다. 특히, 고객들이 밀키트를 주문하고 받아 보는 과정에서의 경험은 매우 중요합니다. 고객들은 배송 시간, 제품 상태, 그리고 주문의 용이성에 대해 자주 피드백을 제공하는데, 저희는 이러한 피드백을 바탕으로 유통과 서비스를 지속적으로 개선하고 있습니다.

예를 들어, 배송 지연이나 제품 상태와 관련된 문제들이 발생했을 때, 저희는 신속하게 대응하고, 이러한 문제가 재발하지 않도록 배송 과정 전반을 검토합니다. 고객이 밀키트를 받았을 때 재료가 신선하지 않거나 배송 중 손상이 발생한 경우, 이를 빠르게 해결하기 위해 고객 지원 시스템을 강화했습니다. 덕분에 서린낙지 밀키트는 단 한 번의 환불, 교환이 없었습니다.

또한, 저희는 고객들이 주문하는 과정에서의 편리함도 중요한 개선 과제로 보고 있습니다. 고객들이 쉽게 밀키트를 주문하고, 원하는 시간에 맞춰 받아 볼 수 있도록 주문 시스템의 유연성을 높이기 위해 노력해 왔습니다. 고객들이 제공한 피드백을 바탕으로 주문 페이지의 사용자 경험(UX)을 개선하고, 결제 과정의 편리성을 높이는 방식으로, 고객들이 주문을 쉽게 완료할 수 있도록 시스템을 개선해 왔습니다. 이러한 변화는 고객의 주문 경험을 더 만족스럽게 만들었으며, 더 많은 고객이 반복적으로 밀키트를 주문하는 기반이 되었습니다.

## 고객과의 소통 강화

저희는 고객들과 지속적으로 소통하면서 그들의 목소리를 경청하는 것을 가장 중요한 가치 중 하나로 생각합니다. 고객이 남긴 피드백에 단순히 반응하는 것에서 그치지 않고, 고객과의 직접적인 대화를 통해 문제를 해결하려고 노력하고 있습니다. 이를 위해 저희는 고객들이 질문이나 불편 사항을 문의했을 때 빠르고 친절한 대응을 받을 수 있도록 했습니다.

또한, 저희는 리뷰 관리를 통해 고객들과의 소통을 활발히 이어 가고 있습니다. 고객들이 밀키트를 사용한 후 남긴 리뷰를 모니터링하고, 긍정적인 리뷰에는 감사의 메시지를, 부정적인 리뷰에는 문제를 해결할 수 있는 대응책을 빠르게 제시합니다. 이러한 리뷰 관리 시스템은 고객들에게 서린낙지가 그들의 의견을 진지하게 받아들이고 있다는 인식을 심어 주었으며, 이는 고객과의 관계를 더욱 돈독하게 만드는 데 기여했습니다.

고객의 피드백을 반영한 이벤트나 프로모션도 정기적으로 진행하고 있습니다. 고객들이 새로운 메뉴나 밀키트에 대해 궁금해하는 경우, 이를 바탕으로 고객 테스트 그룹을 운영해, 새로운 제품이나 개선된 메뉴를 먼저 사용해 보고 의견을 줄 수 있도록 하고 있습니다. 이를 통해 고객은 서린낙지의 제품 개발 과정에 직접 참여하는 느낌을 받으며, 이는 브랜드 충성도를 강화하는 중요한 방법이 되고 있습니다.

**지속적 개선을 위한 내부 프로세스 강화**

고객 피드백을 단순히 수집하는 것에서 그치지 않고, 이를 실질적인 개선으로 이어지게 하는 프로세스를 내부적으로 강화하는 것도 저희가 중요하게 생각하는 부분입니다. 고객의 목소리를 듣는 것만큼이나 중요한 것은 그 피드백을 기반으로 실제 변화를 만들어 내는 것입니다. 이를 위해 저희는 정기적인 내부 평가를 통해, 고객의 피드백이 어떻게 반영되고 있는지 점검하고, 개선해야 할 사항들을 체계적으로 분석합니다.

저희는 매달 고객 피드백을 모아 분석 회의를 진행하고 있으며, 이를 통해 제품의 품질이나 서비스에 어떤 부분이 부족한지, 그리고 고객이 요구하는 변화가 무엇인지 심도 있게 논의하고 있습니다. 이를 통해 조치가 필요한 부분을 즉각 개선하거나, 장기적인 변화가 필요한 부분에 대해서는 명확한 계획을 수립하여 단계적으로 실행해 나가고 있습니다.

예를 들어, 고객들이 특정 재료나 맛에 대해 꾸준히 피드백을 남길 경우, 이를 제품 개발 팀과 공유하여 새로운 메뉴 개발이나 레시피 조정에 반영하고 있습니다. 또한, 배송과 관련된 피드백은 물류 팀과 협력해 즉각적인 개선이 이루어질 수 있도록 하고 있으며, 이를 통해 고객들이 더 나은 서비스를 경험할 수 있도록 하고 있습니다.

결론적으로, 저희 서린낙지는 고객 피드백을 적극적으로 반영하여 밀키트 제품과 서비스를 지속적으로 개선해 나가고 있습니다. 고객의 목소리를 듣고, 이를 바탕으로 실질적인 변화를 만들어 내는 것이 저희의 핵심 목표입니다. 고객과의 소통을 통해 제품의 품질을 높이고, 서비스와 유통 과정의 효율성을 향상시키며, 앞으로도 고객 중심의 개선을 지속적으로 이어 갈 계획입니다.

Chapter 7

# 노포 맛집의 브랜딩 : 전통을 지키며 성장하기

# 1.

## 브랜드 스토리텔링:
## 감성적 연결과 고객 로열티

    브랜드 스토리텔링은 단순한 마케팅 이상의 의미를 지닙니다. 고객의 마음과 감정에 깊이 스며드는 이야기를 통해 브랜드는 고객과의 긴밀한 유대를 형성하고, 나아가 충성 고객을 확보할 수 있습니다. 서린낙지의 경우, 그 스토리는 단순한 낙지 요리가 아니라 세대를 아우르는 전통과 정성을 기반으로 하여 고객의 감성적 공감을 얻고 있습니다. 저희는 이를 통해 브랜드 가치를 고객들에게 전달하며, 로열티를 구축해 왔습니다.

## 감성적 연결의 힘

　서린낙지가 전통을 유지하면서도 성장할 수 있었던 이유는, 고객과의 감성적 연결 덕분입니다. 서린낙지의 역사에는 세대를 이어 온 이야기가 담겨 있습니다. 많은 고객들이 과거에 부모님과 함께 방문했던 기억을 떠올리며 다시 매장을 찾고, 그 기억을 다음 세대에게도 전달하는 것입니다. 이는 고객에게 단순히 음식을 제공하는 것을 넘어서, 정서적인 유대감을 형성하는 데 중요한 역할을 하고 있습니다.

　브랜드 스토리텔링을 할 때, 서린낙지의 70년 전통과 고객들의 이야기를 강조합니다. 예를 들어, 저희 매장을 찾는 많은 고객들은 부모님 세대부터 이곳을 찾았고, 이제는 그들의 자녀들과 함께 찾아와 가족 간의 추억을 공유합니다. 이러한 고객들의 이야기 자체가 서린낙지의 브랜드 스토리가 되어, 고객과의 정서적 유대를 더욱 깊게 만들어 주고 있습니다. 단순히 '맛있는 식사' 이상의 의미를 부여함으로써, 저희는 고객들의 삶 속에 스며들고 있습니다.

　이러한 감성적 연결을 위해 저희는 항상 정성을 다한 서비스를 제공하고 있습니다. 전통을 지키는 것뿐만 아니라, 고객이 매장에 방문할 때마다 따뜻함과 환영받는 느낌을 받을 수 있도록 노력하고 있습니다. 이 과정에서 저희는 음식의 맛뿐만 아니라 공간에서 느껴지는 따뜻함과 서비스의 세심함을 통해 고객들에게 감동을 전하고자 합니다. 이러한 고객 경험은 브랜드 스토리텔링의 핵심 요소로 작용하며, 고객들이 서린낙지를 단골로 선택하는 이유 중 하나입니다.

### 고객 로열티의 구축: 감동과 공감의 경험

고객 로열티를 구축하기 위해서는, 브랜드 스토리와의 정서적 연결이 필수적입니다. 저희는 서린낙지를 단순한 음식점이 아닌, 고객들이 인생의 특별한 순간을 공유하는 장소로 만들어 왔습니다.

고객 로열티를 구축하기 위해 가장 중요한 것은 일관성 있는 경험을 제공하는 것입니다. 저희는 서린낙지의 오랜 전통을 유지하면서도, 고객에게 항상 따뜻하고 정성 어린 서비스를 제공하는 것을 목표로 하고 있습니다. 이를 통해 고객은 저희 매장을 자신의 삶의 일부로 받아들이고, 계속해서 방문할 동기를 가지게 됩니다.

특히, 저희는 고객과의 관계를 단순한 맛집이 아닌 특별한 장소로 추억하게 만들려고 했습니다. 서린낙지를 방문하는 고객들은 이곳에서 특별한 날에 대한 추억을 만들거나, 오랜 친구와 젊은 시절의 서린낙지에서 함께한 시간을 소중한 기억으로 간직하는 경험을 기억하게 합니다. 이와 같이 경험은 고객 충성도로 이어지며, 고객들이 다른 음식점이 아닌 서린낙지를 다시 찾게 만드는 중요한 요소가 됩니다.

### 스토리텔링을 통한 브랜드 차별화

저희는 수많은 외식 브랜드 속에서 독창적인 스토리텔링으로 차별화를 이루고 있습니다. 단순한 음식점을 넘어, 세대를 잇는 전통을 간직한 브랜드로 자리매김하고 있습니다. 이러한 스토리텔링은 고객들에게 감동과 신뢰를 전달하며, 서린낙지를 다른 음식점과 차별화시키는 중요한 요소가 됩니다.

저희는 브랜드의 스토리를 전달하는 데 있어 고객이 공감할 수 있는 요소들을 적극 활용합니다. 서린낙지의 역사와 전통은 고객들에게 깊은 인상을 남기며, 그들이 서린낙지를 단순한 외식 장소로 보지 않고 가족의 일부분처럼 생각하도록 만듭니다. 이는 브랜드 로열티 형성에 매우 중요한 역할을 합니다. 고객이 감정적으로 브랜드와 연결될 때, 단순한 음식의 소비를 넘어서는 감동적인 경험을 얻게 됩니다. 그리하여 2021년 대한민국 역사박물관에서 "광화문"이라는 주제로 열린 전시에 초대되어 브랜드의 가치를 널리 알릴 수 있는 계기가 되었습니다.

또한, 저희는 온라인 스토리텔링을 통해 젊은 세대와도 적극적으로 소통하고 있습니다. 젊은 세대는 전통적인 방식보다 디지털 콘텐츠를 통해 브랜드에 접근하는 경향이 있기 때문에, 저희는 SNS와 웹사이트를 통해 브랜드 스토리를 효과적으로 전달하고 있습니다. 짧고 강렬한 콘텐츠를 통해 서린낙지의 고유한 이야기와 전통을 간결하게 전달함으로써, 새로운 세대가 서린낙지의 브랜드에 쉽게 접근하고 친숙함을 느낄 수 있도록 하고 있습니다.

Chapter 7. 노포 맛집의 브랜딩: 전통을 지키며 성장하기

## 지속 가능한 고객 관계의 유지

브랜드 스토리텔링을 통해 구축된 고객과의 정서적 유대는, 장기적인 고객 관계로 이어집니다. 저희는 서린낙지의 브랜드가 단기적인 인기를 넘어서, 지속 가능한 고객 관계를 유지할 수 있도록 하고 있습니다. 이를 위해 저희는 고객의 피드백을 적극 반영하며, 브랜드와 고객 사이의 끊임없는 소통을 이어 나가고 있습니다.

고객은 단순히 음식을 소비하는 대상이 아니라, 브랜드의 이야기에 동참하는 파트너입니다. 저희는 고객이 서린낙지와 함께 성장할 수 있도록, 정서적 연결을 강화하는 스토리텔링을 지속적으로 발전시키고 있습니다. 이를 통해 고객은 서린낙지의 브랜드 스토리 속에서 자신만의 의미를 발견하고, 이를 토대로 브랜드에 대한 애정을 지속적으로 유지하게 됩니다.

결론적으로, 브랜드 스토리텔링은 서린낙지가 오랜 시간 동안 고객과의 관계를 유지하고, 성장할 수 있는 중요한 비결 중 하나입니다. 저희는 고객과의 정서적 연결을 기반으로 브랜드 로열티를 강화하고 있으며, 이를 통해 저희는 지속적으로 성장하고 있습니다.

# 2.

## 전통의 현대적 재해석:
## 젊은 세대와 소통하기

처음 서린낙지를 맡았을 때, 저는 깊은 고민에 빠졌습니다. 저희는 1950년대부터 이어져 온 오랜 전통과 역사를 자랑하는 매장이지만, 젊은 세대에게는 다소 올드한 이미지로 인식되고 있다는 점이 문제였습니다. 저희 매장이 그저 "옛날 맛집"으로만 남는 것이 아니라, 젊은 세대와도 소통하며 그들의 사랑을 받는 브랜드로 자리매김하길 원했습니다. 그러기 위해서는 전통을 현대적으로 재해석하고, 새로운 세대의 관심을 끌 수 있는 방법을 찾아야 했습니다.

## 전통을 현대적으로 재해석하는 이유

　전통을 지킨다는 것은 그 자체로 큰 의미를 가집니다. 하지만 젊은 세대에게 전통은 때때로 과거의 유물로 느껴질 수 있습니다. 그들에게 전통을 강요하는 것이 아니라, 현대적인 시각으로 전통을 재구성하고, 그들에게 새롭게 해석된 방식으로 다가갈 수 있도록 하는 것이 필요했습니다. 전통을 유지하는 것만으로는 젊은 세대의 공감을 얻기 어렵기 때문에, 저희는 이를 현대의 언어로 번역하는 작업을 시작했습니다.

　젊은 세대는 과거의 가치와 역사를 존중하지만, 동시에 자신들만의 스타일과 취향을 중요하게 생각합니다. 서린낙지가 지닌 전통적인 가치와 음식의 맛을 그대로 유지하면서도, 젊은 세대가 공감할 수 있도록 새로운 시각으로 해석하는 것이 필요했습니다. 그래서 저희는 3대째 이어져 내려오는 서린낙지의 정성과 철학을 현대적인 감각으로 재해석해 젊은 세대가 공감할 수 있도록 풀어내기 시작했습니다.

### 매장 환경의 현대적 변화

가장 먼저 변화가 필요한 것은 매장의 분위기였습니다. 서린낙지의 역사적 가치를 유지하면서도, 젊은 세대가 편안하게 느낄 수 있는 공간을 제공하기 위해, 저희는 매장 인테리어와 레이아웃을 현대적으로 재정비했습니다. 오랜 전통을 간직한 고풍스러운 나무 테이블은 여전히 과거의 정취를 느끼게 해 주지만, 동시에 세련된 조명과 깔끔한 레이아웃을 통해 현대적인 감각을 가미했습니다. 이로 인해 저희는 오랜 전통과 현대적 감각이 공존하는 공간으로 변모하게 되었습니다. 또한 서린낙지의 전통성을 유지하되 다양한 계층의 고객들이 편하게 소통할 수 있고 추억을 공유할 수 있는 공간이 되었습니다.

### 젊은 세대와 소통을 위한 변화

서린낙지가 젊은 세대와 더 가까워지기 위해 가장 큰 변화를 시도한 것은 접근성의 개선이었습니다. 저희는 젊은 세대가 서린낙지를 더욱 쉽게 접할 수 있는 방식을 고민했고, 그 결과 와디즈 펀딩을 통해 밀키트를 선보이기로 결정했습니다. 펀딩을 통해 서린낙지의 전통적인 맛을 집에서도 쉽게 즐길 수 있는 밀키트를 제공함으로써, 온라인과 오프라인의 경계를 넘는 경험을 제공하게 되었습니다.

젊은 세대는 편리함과 빠른 정보 접근을 중요시하기 때문에, 저희는 QR 코드를 활용해 밀키트 구매 페이지에 쉽게 접근할 수 있도록 했습니다. 스마트폰을 사용해 QR 코드를 스캔하면 펀딩 페이지로 바로 연결되며, 결제 시스템도 간편하게 구성하여 젊은 세대가 불편함 없이 서린낙지를 경험할 수 있도록 했습니다. 이러한 변화는 젊은 고객들이 서린낙지에 더욱 편리하게 접근하고, 전통적인 브랜드가 현대적인 편리함을 제공한다는 인식을 심어 주었습니다.

또한, 밀키트는 전통을 집에서도 간편하게 즐길 수 있는 방법으로, 단순한 제품 이상의 브랜드 경험을 제공했습니다. 저희는 밀키트를 통해 서린낙지의 오랜 전통과 정성을 젊은 세대가 그들만의 방식으로 느끼고, 요리할 수 있도록 했습니다. 이러한 과정에서 젊은 세대는 서린낙지의 전통적인 맛과 현대적 편리함의 조화를 경험할 수 있었고, 이는 긍정적인 반응으로 이어졌습니다.

### 이야기의 힘을 통한 감성적 소통

저희는 서린낙지가 가진 스토리를 젊은 세대와의 감성적 소통의 중요한 도구로 활용하고 있습니다. 저희는 단순히 낙지 요리를 판매하는 곳이 아니라, 세대를 잇는 다리 역할을 하길 원합니다. 그래서 다수의 매체를 통해 고객과의 소통 과정에서 할머니, 아버지 그리고 저까지 3대를 이어 오는 서린낙지의 이야기와 매장의 역사를 강조하며, 우리가 만난 그리고 만나고 있는 고객들의 이야기를 나누고 있습니다. 특별히 매장의 역사관을 만들지 않아도 아버지가 아들의 손을 잡고 온 서린낙지를 그 다음 세대가 자연스럽게 물려받고 추억을 공유하는 공간을 만들어 가고 있습니다.

### 전통과 현대의 조화를 통해 끊임없이 변화하기

저희는 전통을 지키는 것과 동시에 끊임없이 변화하고 적응해야 한다는 점을 깊이 인식하고 있습니다. 전통은 서린낙지의 가장 큰 강점이지만, 그 전통을 유지하면서도 젊은 세대의 변화하는 요구에 유연하게 대응하는 것이 매우 중요합니다. 그러다보니 젊은 세대들의 트랜드에 맞게 소통하는 방식을 만들게 되었습니다. 매장을 통한 경험을 온라인 마케팅 툴을 활용해서 적극적으로 홍보하고 체험할 수 있는 기회를 제공하고 있습니다. AI를 기반으로 빠르게 변화하는 시대 속에서, 저희는 젊은 세대의 취향을 존중하고, 그들의 요구를 수용하여 세대를 초월해 사랑받는 브랜드로 성장할 수 있도록 노력하고 있습니다.

그리고 고객들의 피드백을 항상 경청하고, 그들이 원하는 바에 맞춰 새로운 시도를 멈추지 않고 있습니다. 전통을 기반으로 하되, 현대적인 감각을 더한 변화를 두려워하지 않으며, 이를 통해 젊은 세대와의 소통을 계속해서 이어 나가고자 합니다. 앞으로도 저희는 전통과 현대가 공존하는 공간으로 남아, 모든 세대가 함께하는 브랜드 스토리를 만들어 나가겠습니다.

# 3.

## 서린낙지의 미래 비전:
## 글로벌 확장과 지속 가능한 성장

저희는 오랜 전통과 깊은 역사를 바탕으로 성장해 왔으며, 앞으로도 지속 가능한 성장을 추구하면서 글로벌 시장으로의 확장을 계획하고 있습니다. 세대를 아우르는 맛과 정성을 유지하면서도, 현대적인 변화와 글로벌 트렌드에 발맞춰 서린낙지가 지닌 고유한 가치를 전 세계에 알리고자 합니다. 이를 위해 저희는 글로벌 확장 전략과 함께 지속 가능한 경영 철학을 핵심으로 삼고, 지역 사회와의 상생을 통해 장기적인 성장을 도모하고 있습니다.

## 글로벌 확장을 향한 도전과 준비

글로벌 확장은 서린낙지가 전통을 지키면서도 더 넓은 무대에서 신규고객층을 만날 수 있는 중요한 기회입니다. 저희는 한국의 전통적인 맛을 전 세계에 알리고, 이를 통해 한식의 가치를 높이기 위한 발걸음을 내딛고자 합니다. 서린낙지가 가진 낙지볶음과 같은 전통 메뉴는 해외에서도 충분히 매력적일 수 있습니다. 이를 기반으로, 저희는 세계 시장에서 한국의 전통 음식이 자리 잡을 수 있도록 다각적인 노력을 기울이고 있습니다.

글로벌 시장에 진출하기 위해 가장 먼저 고려된 부분은 현지화 전략입니다. 각국의 고객들은 맛의 선호도나 문화적 배경이 다르기 때문에, 이러한 차이를 존중하면서도 서린낙지의 고유한 정체성을 유지하는 것이 매우 중요합니다. 이를 위해 저희는 각 지역의 현지 식문화와 외식 트렌드를 면밀히 조사하고, 서린낙지의 메뉴가 현지에서 자연스럽게 받아들여질 수 있는 방법을 모색하고 있습니다.

현지화 과정에서 저희가 가장 중요하게 생각하는 것은 서린낙지의 본질적인 맛과 전통을 잃지 않으면서, 각 지역의 입맛에 맞춰 유연하게 변화를 주는 것입니다. 예를 들어, 낙지 볶음과 같은 매운 음식을 현지인의 취향에 맞게 맵기의 정도를 조정하거나, 지역에서 쉽게 구할 수 있는 현지 재료를 사용해 서린낙지의 정통 요리와 조화를 이루도록 할 계획입니다. 이러한 현지화 전략은 서린낙지가 전 세계에서 문화적 다양성을 존중하며, 동시에 한국의 전통 음식을 고유하게 전달할 수 있는 중요한 방법입니다.

## 지속 가능한 성장 전략

서린낙지의 글로벌 확장 비전은 지속 가능한 경영과 깊이 연결되어 있습니다. 저희는 전 세계적으로 환경 보호와 지속 가능성에 대한 관심이 높아지는 만큼, 서린낙지가 지닌 전통을 지키면서도 환경적인 책임을 다하는 브랜드로 자리매김하기 위해 노력하고 있습니다. 이를 위해 친환경 경영 방침을 적극 도입하고 있으며, 특히 음식물 쓰레기 줄이기와 에너지 효율 개선을 목표로 하고 있습니다.

저희는 밀키트 생산 과정에서도 지속 가능한 성장을 위한 방안을 적용하고 있습니다. 밀키트는 고객이 집에서도 서린낙지의 전통적인 맛을 즐길 수 있게 해 주는 중요한 제품이지만, 동시에 환경에 미치는 영향을 최소화하기 위해 밀키트 포장에 재활용이 가능한 소재를 사용하고 있으며, 탄소 발자국을 줄이기 위한 물류 시스템을 구축하여, 생산부터 배송까지의 전 과정을 친환경적으로 운영하는 방안을 모색 중입니다.

또한, 저희는 현지에서 재료를 조달하는 방안도 적극 검토하고 있습니다. 이를 통해 탄소 배출을 줄이는 것뿐만 아니라, 각 지역의 지역 경제에 기여하고, 현지 고객들과 더 깊은 관계를 형성할 수 있습니다. 서린낙지가 글로벌 확장을 하면서도 현지의 특성을 존중하고, 지속 가능한 방식으로 운영될 수 있도록 철저히 계획을 세우고 있는 이유입니다.

저희의 지속 가능한 경영 철학은 장기적인 성장을 위한 기반입니다. 단기적인 이익에만 집중하는 것이 아니라, 환경 보호와 사회적 책임을 고려하여 브랜드를 성장시키고, 이를 통해 전 세계 고객들에게 서린낙지가 책임감 있는 브랜드로 기억될 수 있도록 하는 것이 목표입니다. 이는 서린낙지가 전통과 혁신을 동시에 지키면서도 지속 가능한 성장을 이루는 데 중요한 요소가 될 것입니다.

### 장기적인 비전: 글로벌 확장과 브랜드 가치의 극대화

저희는 단순히 글로벌로 확장하는 것만이 목표가 아닙니다. 저희의 궁극적인 목표는 전통을 기반으로 한 브랜드 가치를 더욱 극대화하고, 이를 전 세계에 알리는 것입니다. 이를 위해 저희는 전통을 지키며, 지속 가능성을 고려한 성장을 추구하고 있으며, 각 지역의 문화적 다양성을 존중하며 유연한 접근 방식을 적용해 나가고 있습니다.

앞으로 저희는 전통을 현대적으로 재해석하고, 글로벌 무대에서도 전통의 가치를 지키며 성장하는 브랜드로 자리매김할 것입니다. 환경적 책임을 다하고, 지역 사회와 함께 성장하며, 전 세계 고객들에게 서린낙지의 따뜻한 서비스와 정성 어린 요리를 전달하는 것이 저희의 미래 비전입니다.

저희는 이러한 미래 비전을 바탕으로 글로벌 확장과 지속 가능한 성장을 통해 전통을 지키며 현대적으로 발전하는 모습을 보여줄 것입니다. 고객과의 소통을 중요시하며, 전 세계 어느 곳에서나 동일한 브랜드 경험을 제공하는 서린낙지로 성장해 나갈 것입니다.

Chapter 7. 노포 맛집의 브랜딩: 전통을 지키며 성장하기

## 맺는 말

　서린낙지는 1950년대부터 이어진 전통과 정성을 바탕으로 오늘날까지 성장해 왔습니다. 70여 년의 역사는 그 자체로 큰 자부심이자, 저희에게 지속적으로 새로운 도전을 요구하는 힘이었습니다. 서린낙지가 오늘날까지 성장할 수 있었던 비결은 선대에서 항상 강조하셨던 초심을 잃지 않고 항상 가게를 지켜 고객과의 깊은 유대관계를 유지한 덕분입니다. 이 관계는 앞으로도 저희가 나아갈 길의 가장 큰 자산이 될 것입니다. 저희는 전통을 지키면서도 혁신을 추구하며, 이 두 가지 가치를 조화롭게 유지해 나가고자 합니다.

맺는 말

가업을 잇는 것은 단순히 기존의 것을 유지하는 것을 넘어, 그 가치를 현대적인 방식으로 재해석하고 더 나은 방향으로 발전시키는 책임입니다. 저희는 전통적인 맛을 유지하면서도, 끊임없이 변화하는 외식업계의 트렌드와 고객들의 기대에 부응하기 위해 노력해 왔습니다. 특히, 저희는 변화하는 시장에서 살아남기 위해 유연한 사고와 창의적인 접근을 통해 새로운 길을 모색하고 있습니다.

앞으로도 저희는 신규고객층과의 소통을 강화하며, 젊은 세대와 함께 동시대적인 브랜드로 나아갈 것입니다. 이를 위해, 저희는 전통적인 방식의 경영에 더해 디지털 혁신과 고객 경험 개선을 통해 끊임없이 브랜드 가치를 새롭게 재구성할 것입니다. 저희는 이 과정을 통해 고객들이 서린낙지를 찾는 이유를 단순히 맛뿐만이 아닌 전통과 현대가 공존하는 특별한 경험으로 확장할 수 있도록 할 것입니다.

저희는 이제 국경을 넘어 글로벌 무대에서의 성장을 꿈꾸고 있습니다. 한국의 전통적인 맛을 세계에 알리면서도 각 지역의 문화와 고객의 취향을 존중하는 방식으로 글로벌 확장을 준비하고 있습니다. 특히, 전통적인 낙지 볶음과 같은 메뉴는 그 고유한 맛과 조리법을 통해 한국 요리의 매력을 전달할 수 있으며, 이를 세계 각국의 고객들에게 현지화 된 메뉴로 제공할 계획입니다. 하지만 이 과정에서도 서린낙지의 본질적 가치인 정성과 품질을 유지하는 것이 최우선 과제가 될 것입니다.

글로벌 확장에 있어서 저희는 지속 가능한 성장을 중요한 목표로 삼고 있습니다. 전 세계적으로 환경 보호와 친환경 경영이 중요시되는 가운데, 저희는 이 흐름에 맞춰 지속 가능한 경영 철학을 더욱 강화하고자 합니다. 이를 위해 친환경 재료 사용, 에너지 절감형 시설 운영, 음식물 쓰레기 줄이기 등 다양한 방안을 도입하여, 서린낙지가 단순히 전통적인 맛집을 넘어 책임 있는 글로벌 브랜드로 자리매김할 수 있도록 노력할 것입니다.

서린낙지의 성장은 고객의 사랑과 신뢰가 있었기에 가능했습니다. 저희는 고객이 매장에 들어오는 순간부터 특별한 경험을 할 수 있도록 진심어린 소통과 세심한 서비스를 제공하는 것을 가장 중요한 원칙으로 삼고 있습니다. 앞으로도 고객과의 정서적 유대를 강화하고, 그들과 함께 성장할 수 있는 브랜드로 남고자 합니다. 이를 위해 고객의 목소리에 귀 기울이며, 고객의 피드백을 적극 반영해 서비스와 메뉴를 지속적으로 개선할 것입니다.

특히, 고객과의 소통을 통해 매장 내외의 경험을 보다 개인화하고 특별한 순간으로 만들기 위한 노력을 아끼지 않을 것입니다. 고객이 단순한 음식을 소비하는 것이 아니라, 서린낙지를 통해 소중한 추억을 쌓고 공유할 수 있는 장소로 느끼게 하려는 노력은 앞으로도 계속될 것입니다. 이러한 노력은 고객 충성심을 강화하고, 장기적인 관계를 이어가는 데 있어 중요한 역할을 할 것입니다.

앞으로도 저희는 전통을 지키는 것에만 머물지 않고, 그 전통을 현대적 감각으로 새롭게 재해석하며 더 큰 도전을 이어 갈 것입니다. 이를 통해 저희는 고객들에게 진정성 있는 브랜드 경험을 제공하고, 외식업계에서 지속 가능한 성장 모델로 자리매김할 것입니다.

서린낙지의 이야기는 끝이 아닌 새로운 시작입니다. 오랜 시간 동안 쌓아 온 전통을 바탕으로, 현대와 미래를 잇는 다리 역할을 하며 더 많은 사람들에게 특별한 경험을 제공할 것입니다. 서린낙지의 성장과 혁신은 고객과 함께 만들어 나가는 것이며,

앞으로도 고객과 함께 걸어갈 여정을 기대하고 있습니다.

마지막으로 지금까지 서린낙지가 유지할 수 있었던 건 저 혼자만이 아닌 선대의 노력과 더불어 찾아와 주신 고객, 그리고 가족과 직원들의 희생이 있었기에 가능했습니다.

이 모든 분들께 진심으로 고개 숙여 감사드립니다.

월 매출 2억
# 서린낙지
# 영업비밀

ⓒ 박범준, 2025

초판 1쇄 발행 2025년 1월 15일

지은이　　박범준
펴낸이　　이진수
펴낸곳　　엘프린트
주소　　　서울특별시 용산구 청파로49길 37-3, 1층 24호
전화　　　02-6949-2633
출판등록　제2022-000081호

ISBN　979-11-981032-6-0 (03320)

- 가격은 뒤표지에 있습니다.
- 이 책은 저작권법에 의하여 보호를 받는 저작물이므로 무단 전재와 복제를 금합니다.
- 파본은 구입하신 서점에서 교환해 드립니다.